一箱古本市の歩きかた

南陀楼綾繁

光文社新書

はじめに「一箱の宇宙」で本と遊ぶ

二〇〇九年の五月三日と四日、ゴールデンウィーク最中のよく晴れた空の下で、第八回「不忍《しのばず》ブックストリートの一箱古本市」が開催された。舞台は、東京の谷中《やなか》・根津《ねづ》・千駄木《せんだぎ》、通称「谷根千《やねせん》」と呼ばれるエリア。区で云うと、台東区と文京区にまたがっているこの地域は、中央を不忍通りが貫き、その両側に三崎坂、団子坂がある。坂を上がったり下りたりしながら、この辺りを一通り歩くと、半日はたっぷりかかる。

一箱古本市は、このエリアに点在する店の軒先を借りて、その前で一人が一箱の古本を販売するイベントだ。場所を貸してくれる店を「大家さん」、販売する人を「店主さん」と呼んでいる。

今年の大家さんは、二日間でのべ十九スポット。一日目は谷中方面を中心に、二日目は千駄木方面を中心に場所を借りた。店の業種は、新刊書店、古書店をはじめ、ギャラリー、雑貨店、喫茶店、精肉店と多種多様で、教会や特別養護老人ホームなどの公共施設も使わせてもらっている。スポットごとに、広さなどの条件が異なるため、出店の箱数は二〜十一箱とバラつきがある。全体では、各日五十箱の店主さんが出店する。

それまで古本市と云えば、プロの古本屋さんが大量の本を並べて売るのが普通だったが、この一箱古本市では、誰でも自由に参加できる。各自が「はなめがね本舗」「しょぼん書房」「くちぶえブックセンター」「AZTECA BOOKS」などの屋号を名乗り、一冊一冊に値段を記入したスリップをつける。会計は箱ごとに行なう。店主はどんな本を出すか、どんな売り方をするかも含めて、「本屋さんごっこ」を楽しんでいる。箱のディスプレイに趣向を凝らしたり、買ってくれた人にオマケをつけるなどのサービスをする店主が多い。

初日の前夜に、歌手の忌野清志郎の訃報が流れたため、彼の著書を並べたり、曲を流したりして追悼の意を表している箱がいくつもあった。

フリーライターの岡崎武志さん、書評家の豊崎由美さんや、出版社、ミニコミを発行している人も、店主として参加した。読者と直接会って出版物の感想を聞ける機会だと、この場を活用している出版社もある。

お客さんは、これらのスポットを思い思いに回り、古本を眺める。ちょうど根津神社で「つつじまつり」が開催中で、そこから流れてくる人も多い。全スポットを回ると景品がもらえるスタンプラリーは子どもに人気で、今年も朝早くから自転車で走る親子が目についた。

四時で販売を終了すると、近くの区の施設に店主が集まり、個性的な箱を表彰する打ち上げイベントが行なわれた。売り上げも上々で、一箱平均で三十八冊、一万四千円が売れている。

ぼくが、この地域で「本」に関わる仕事をしている仲間と一緒に、本と出会えるスポットを中心とした地図を無料配布するとともに、「不忍ブッ

店舗前のスペースを借りて
箱を並べます.
Cafe Yanaka
不忍
ブックストリート
の
キャラクター.
しのばずくん
(紙魚の
生まれ変わり)
段ボール箱
ひとつに
30〜50冊
が入ります
店主の
名札
しのばず
くん
書店
飲食物
はダメ
古本以外に雑貨や
CDを売ってもOK
屋号は
目立つように!
箱のディスプレイも工夫をこらして

スリップ
本のあいだにはさむ
しのばずくん書店
本のタイトル
深く植えよ夢見つつ
200円
値段
当日持参するもの
電卓
筆記具
ビニール（雨のとき上からかける）
店主マニュアル
予備スリップ
折りたたみイス
あると便利

イラスト＊内澤旬子

クストリートの一箱古本市」を開始したのは、二〇〇五年四月のことだ。

回を重ねるにしたがって、「大家」や「店主」の数は増え、新聞や雑誌で取り上げられることで認知度も増した。また、誰もが「本屋さんごっこ」を楽しめるこのイベントは、全国に広がっており、北は盛岡から南は那覇まで、商店街をまきこむ大規模なものから一店舗での開催まで、その地域や主催するグループの性格などさまざまな条件によってカスタマイズされた、その街ならではのやりかたで行なわれている。

本書の第一部では、不忍ブックストリートでの体験を下敷きにして、一箱古本市がなぜここまで広く受け入れられたのかを、主催者、店主、助《すけ》っ人《と》（ボランティア）、客の立場から見ていく。

第二部では、一箱古本市を含む、各地の「ブックイベント」のいまを報告する。その街における本に関する歴史や問題、はじまったきっかけや運営のしかた、店主や客の声をもとに、それぞれのイベントの特性を明らかにしようとする。

そして第三部では、これらブックイベントの背景というべき、読書と読者の変化について考えてみた。

はじめての一箱古本市で、ぼくの箱から本を買ったお客さんが、「この本、探してたんだよ、ありがとう」と云ってくれたときの感動は、いまでも忘れがたい。ほかの店主の箱を覗《のぞ》いていて、「わたし、この本が大好きなんですよ」という強力な売り文句に思わず買ってしまったことが、何度もある。一冊の本をめぐってのコミュニケーションが、あそこでも、ここでも自然に起こっている。やっぱり、本の力はすごいなと、改めて感じた。

数十冊の本が並ぶ一箱というスペースは、その店主の読書や経験、生活が反映されたいわば「宇宙」である。その宇宙の前で立ち止まる人たちは、本を読み、本を買い、そして本と遊ぶという感性を持っていると、ぼくは思う。

紋切り型のように「読書離れ」や「出版危機」を叫ぶのではなく、もっと日常的な場所から、本との付き合い方を見直してみたい。そう考えて、ぼくはこの本を書いた。

本書を読み終わったあなたが、自分でも一箱古本市に参加してみたいとか、地元の街でもブックイベントをはじめたいなどと思い立ってくれれば、著者として、こんなに嬉しいことはない。

楽しくて奥深い、「一箱の宇宙」へようこそ。

一箱古本市の歩きかた◎目次

第二部　日本全国「ブックイベント」ガイド……73

第　一　部

不忍ブックストリートができるまで

――「この辺りで古本市ができたら、面白いね」――

ぼくが住む谷中・根津・千駄木で、「不忍ブックストリートの一箱古本市」がはじまったのは、二〇〇五年四月のことだった。

いまでは、毎年春と秋にこの地域で行なわれるイベントとして定着し、地方への広がりも見せている「一箱古本市」だが、その発端はぼくと妻（イラストルポライターの内澤旬子）との間で交わされた冗談みたいな会話だった。

「この辺りで古本市ができたら、面白いね」

「お寺の境内を借りられたら、かなりたくさん本が並べられるなあ」

その頃、ぼくたちは夜寝る前に「こんなことをやりたい」という妄想めいた話をよくしていた。その「夜の編集会議」を経て、コミケ（コミックマーケット）にミニコミや私家版の本をつくったり、古書目録をネタにした『モクローくん通信』というフリーペーパーを創刊したりしていた。

ぼくが谷中に引っ越してきてからほぼ十年、結婚して隣町の西日暮里に住み始めてから六年ほどが経《た》っていた。路地や坂、墓地などをめぐる散歩コースをいくつか見つけ、お気に入りの喫茶店やレストランもできていた。もともと行きつけだった新刊書店の〈往来堂書店〉、古書店の〈古書ほうろう〉、〈オヨヨ書林〉の人たちとも、雑談を交わす程度には親しくなっていた。自分たちのなかに、ようやく「地元」という意識がめばえた時期だった。その地元で本に関する新しいイベントをやってみたいと考えたのだ。

そう思いついたものの、実際に寺を借りるためにはどうしたらいいのか？　また、誰に古本を出してもらえばいいのか？　具体的にはさっぱり思い浮かばなかった。のちに「わめぞ」の立役者となる、早稲田〈古書現世〉二代目の向井透史《とうし》さんと一緒に街を歩いてみたりもしたが、従来の古本市と同じかたちでは実現は難しそうだった。

しかし、内澤が「べつに一カ所に集めなくても、いろんな場所に少しずつ出したらいいんじゃない?」と云ったことから、一気にイメージが明確になった。

お店の軒先を借りて、七、八カ所で開催する。スペースが限られているので、出店者が出せるのは一人一箱とする。量が限られているので、プロよりもシロウトの本好きを中心に集める……。当然、イベント名は「一箱古本市」だ！

そのときは意識していなかったが、この発想の根底には、『日本古書通信』の八木福次郎さんから伺った、昭和十年代の神保町に出ていた「露店の古本屋」のことがあったかもしれない。すずらん通りの店舗の前に四十〜五十の露店が出ており、その多くは古本を売っていたという。

露店というのは、一畳ぐらいの板の上に本を並べたり、ゴザか新聞を敷いて本を並べたり、後ろに座って売っているのもありました。でも、すずらん通りの場合は、なんか台があったような気もするんだけどね。畳一畳ぐらいの。そこへこうやって並べてね。

（南陀楼綾繁編『私の見てきた古本界70年　八木福次郎さん聞き書き』スムース文庫、二〇〇四）

古本屋の店舗の前に古本の露店が出る。それも夜、裸電球の灯《あか》りの下で。なんというファンタジックな光景だろう。また、台湾でも古くからの古書店街である牯嶺街《クーリンチエ》に古本の屋台が並ぶ様子を、エドワード・ヤン（楊徳昌）監督の《牯嶺街少年殺人事件》（一九九一）の一シーンで観た。店舗と歩道が分かれた整然さよりも、歩きながら古本が覗ける雑然とした雰囲気を、ぼくは愛する。

みかん箱程度の段ボール一箱には、単行本で三十冊、文庫で五十冊程度しか収まらない。プロだったら、運送のコストを考えると、とても引き合わないと考えるだろう。だけど、普通の人がそれぐらいの冊数を選ぶというのは、なかなか大変だ。思い出のある本もあるし、最近買った本も混じるだろう。一箱のなかに収まる冊数で、その人の読書傾向や性格が反映されたひとつの宇宙をつくることができたら、相当面白いのではないか。

もうひとつ思いついたのは、この地域の地図をつくるということだった。当時から谷中・根津・千駄木は都内でも有数の観光スポットであり、週末になれば多くの人たちが訪れていた。自転車で走っていると、道を聞かれることもしばしばあった。彼らは店などで無料配布している地図を手にしている。しかし、その地図は熟年より上の世代に向けてつくられており、ぼくたちが日々の生活の中で接している店はほとんど掲載されていなかった。いい本の並ぶ本屋も、若者が集まるカフェも、前衛的なアーティストの個展が開かれるギャラリーも、まるで、そこには存在していないかのようだった。

この二つのアイデアを結びつけるために、「不忍ブックストリート」という名称を思いついた。当時ぼくは「千代田線ブックストリート」ということを考えていた。東京の古本屋と云えば、神保町、早稲田、そして中央線沿線が話題になるぐらいで、それ以外の地域が雑誌などで取り上げられることはほとんどない。でも、電車に乗って古本屋を回ってみると、いい古本屋の並ぶ沿線はけっこうある。

たとえば、東京メトロ・千代田線は、始発の代々木には〈ロス・パペロテス〉、表参道には〈古書日月堂〉、新御茶ノ水で降りれば神保町へすぐだし、根津にはオヨヨ書林、千駄木には古書ほうろう、そして終点の綾瀬には〈デカダン文庫〉があるではないか。

「不忍ブックストリート」は、そこから不忍通り沿いの根津、千駄木、西日暮里を抜き出したものだった。「ブックストリート」と称したのは、冗談みたいなもので、実態に即していないことはよく判っていた。それは、この地域の新刊書店の変化をみれば明らかだ。

一九九〇年頃、谷中・根津・千駄木には十三店もの新刊書店があった（「谷根千生業調査本屋」『地域雑誌 谷中・根津・千駄木』第二十五号、一九九〇年十月）。いずれも間口が狭く、家族で経営するタイプの書店である。それが一九九〇年代後半から閉店する店が少しずつ増え、現在では、たった三店しか店舗営業をしていない。古本屋も同様で、古くから営業していた店はすべて閉店するか移転してしまった。

結局、前からある新刊書店二店（谷中銀座の〈武藤書店〉と根津の〈あいぞめ書店〉）を除けば、いまこの地域にあるのは、新刊では一九九六年開店の往来堂書店、古本では一九九八年開店の古書ほうろう、二〇〇四年開店のオヨヨ書林、同じく二〇〇四年開店のブックカフェ〈結構人ミルクホール〉と、創業から十年前後の店ばかりだ。

これらの店は、本好きや書店員に注目されており、遠くからわざわざ足を運ぶ人も多い。しかし、彼らは目的の店に行くと、そのまま帰ってしまうことが多い。そこで、本屋の数こそ少ないが、個性的な店の多いこの地域を「ブックストリート」と称することで、これらの店を共同で盛り上げることができるのではないかと考えたのだ。つまり、「いつかは本当の〈ブックストリート〉になってほしい」という願望を込めての命名だった。

━「本」と関わりの深い地域━

ブックストリートと云えば、この地域は、歴史的に「本」との関わりが深い。森鷗外、夏目漱石をはじめ多くの作家や出版関係者がこの街で暮らしたし、谷中墓地にも多くの文豪が眠っている。同時に、千駄木は日本最大の出版社である講談社が、一九〇九年（明治四十二）に最初の社屋を置いた場所でもある（創業当時は「大日本雄弁会」）。現在でも、書店や出版社の多い神保町に千代田線で一本で出られることもあり、作家や編集者、ライターなどが多く住んでいる。

なによりもこの地域には、「谷根千工房」がある。一九八四年に仰木《おおぎ》ひろみ、森まゆみ、山﨑範子という三人の若い母親が、『地域雑誌　谷中・根津・千駄木』（以下、『谷根千』）を創刊。毎号地域に根ざした特集を組んできた。その深さもさることながら、自転車であちこちを回って取材や配達を行ない、マンション建設反対や文化財保存の運動を住民とともに進めるフットワークの良さも憧れだった（ぼくが谷中に住んだのも、森まゆみさんにお会いしたのがひとつのきっかけだった）。谷根千工房が知られるにつれて、雑誌を示す「谷根千」という略称がこの地域を指すものになっていった。

また、近くに東京藝術大学があることも、文化や芸術への理解につながっている。

あるお寺では画室代わりに寺の講堂を使ってもらっていたなど、住民が芸術家を支援してきたエピソードは、もともとこの地域にはつきない。だが、そのような住民と芸術の親しい距離、芸術家支援の態度は、現在でもまったく変わらないのではないかと思えるのだ。今も、寺院が芸大生や作家の願いに応えて境内や縁側などが展覧の場として開放されることがあるし、実際に第二回の芸工展では民家や寺、店先などが空間提供を快諾してくれた。

（西原珉「アートに寛容な街、谷中・根津・千駄木」、江戸のある町　上野・谷根千研究会『新編・谷根千路地事典』住まいの図書館出版局、一九九五、栞）

「谷中芸工展」は一九九三年にスタートしたアートイベントで、「まちじゅうが展覧会場」をキーワードに、毎年秋、谷中のギャラリー、アトリエから個人宅までを会場にして、さまざまなアート作品を展示するもの。また、これとは別に、一九九七年からはギャラリーを中心に「アートリンク上野―谷中」も開催されている。一箱古本市の手法は、地図を見ながらアートを求めて街の隅々まで歩いてもらう、というこれらのイベントの趣旨に近いかもしれない。

このような地域なら、「不忍ブックストリート」も受け入れられるのではないか、という予感があった。

―　初めてのイベントに向けて　―

そして、このような思いつきを披露する機会がやってきた。二〇〇四年の年末に、西日暮里の韓国料理屋で、往来堂書店、古書ほうろう、オヨヨ書林の店主と、谷根千工房の川原理《さと》子《こ》さんを交えたメンバーで忘年会を開いたのだ。この日のぼくのブログを引用する。

来年、根津、千駄木、西日暮里、つまり不忍通り沿いの新刊書店、古書店を中心とした「不忍ブックストリート」の地図をつくることを提案。みんな賛同してくれ、いきなり、ナニを盛り込むか、何部ぐらいつくるか、どこに配布するかなどの具体的なハナシになる。そこで、ぼくと旬公（内澤旬子）が以前から考えていたもうひとつの企画である、「一箱店主」による古本市のハナシをぶつけてみると、みんなオモシロがってくれる。では、いっそ、地図を配布し終わった辺りに、その古本市をやろうということになる。参加各店の店先に、5～10箱ぐらいを置いて販売し、お客さんは不忍通りを散歩しながら、それぞれの店でやっている古本市を覗く、という寸法だ。全店で買ってくれたお客さんには特典も。コレだと、不忍ブックストリートを知らしめるという目的と、イベントへの集客が両立しうる。来年のゴールデンウィーク開催をめざして、これからみんなで動くことになった。クリアしなければならない問題はあるけど、知恵を出し合い、分担しあえば、実現できるだろう。やるからには、成功させたいものだ。

（「ナンダロウアヤシゲな日々」二〇〇四年十二月二十六日）

「根津、千駄木、西日暮里」となっているのは、先の「千代田線ブックストリート」の発想が残っていたせいで、実際には「谷中・根津・千駄木」を対象エリアとし、ＪＲの日暮里駅・西日暮里駅、千代田線の根津駅・千駄木駅・西日暮里駅を最寄駅としている。

そして、翌年に入ると、このメンバーに数人が加わって実行委員会を組織し、実現に向けて動き出した。定休日の古書ほうろうの店内に集まって、議論を重ねた。自分の店でライブやフェアを開くことには慣れていても、街を舞台にイベントを行なうというのはまったく初めての体験であったし、店を経営する人たちとぼくのような個人とでは立場の違いもあった。

少し後になるが、会議の紛糾具合を川原さんが絶妙にスケッチしているので、引用する。

会議はたいてい水曜日の午後7時半、会場は古書ほうろう。卓には持ち寄った干しアンズ、干し柿、魚のみりん干し、自家製果実酒など。コーラやジャンクフードは皆無である。定刻よりおよそ10分遅れで、南陀楼氏または（ほうろうの）宮地氏の進行で話は始まる。議題は地図製作と古本市実施についてだが、いつも波乱。論客理屈屋多く、会議は必ず深夜に及ぶ。多数決を叫べども少数意見が幅をきかせ、決定事項は往々に覆される。

さらに、次の会議に前回のメモを全員が持ってこないという常態（状態でなく）。「あれはどう決まったっけ?」「確か…こうだった」「ちがいますよ、ああでした」「えぇっ?」「ちょっとまった、それは決めてないよ!」（3年目にして南陀楼氏により議事録が導入された）

散会後、有志で食事をすることもあり、夜明けまで夜店通りの小奈やで盛り上がるらしいが、これについては取材不足。というわけで、若輩の私が口を挟む余地はなく、実に楽しく気持ちのよい会議の結果、２００7年の「一箱古本市」は4月29日（日曜日）に決定した。

（「サトコの丸秘潜入ルポ　この町のこんな人たち」『谷根千』第八十六号、

書き写していて、あまりのリアルさに笑ってしまった。まったくこの通りで、ゆるくてやたらと時間のかかる会議なのである。もっとも、それまで新刊書店と古本屋、店と客の立場で、お互いの存在を認識していても、なかなか話しかけにくかったというシャイな性格ばかりのメンバーが、こんな議論ができるまでに親密になったのだと思えば、感慨深い。

本当のところは、会議よりも、そのあとの飲み会で本についての雑談ができることが楽しかったのかもしれない。

（二〇〇七年二月）

無料のMAPが完成

二〇〇五年四月、「不忍ブックストリートMAP」が完成した。イラストレーションは内澤旬子。デザインと制作進行は小田木順子・小森岳史夫妻（翌年以降は、千駄木に仕事場を持つブックデザイナーの板谷成雄さんに毎年デザインをお願いしている）。縦長で三つ折り。部数は二万部。表面には次の挨拶を載せた。

東京の東側、文京区と台東区にまたがる、谷中、根津、千駄木の中心を、「不忍通り」が走っています。この通りやそれに並行して走る小さな道には、個性的な新刊書店、古書店、図書館があり、気持ちのいい喫茶店やカフェ、散歩の途中に立ち寄りたい雑貨店やギャラリーがたくさんあります。

ふりかえってみると、この地域には、江戸期以降ずっと、文学や本に関わってきた歴史があります。また、谷根千には、谷中墓地を中心に数十の寺があり、大通りを一歩入れば、坂や路地にぶつかります。古い建物もほうぼうに残っており、休日ともなれば、多くの人々が散歩に訪れます。いわば、「本と散歩が似合う街」なのです。

そこで、私たちは、この辺りを「不忍ブックストリート」と命名しました。それとともに、「本と散歩」に関わるスポットを入れたイラストマップをつくり、無料で配布することにしました。

この地図を手にして、たくさんの本好き、散歩好きの人がこの街に訪れてほしい、そして、この街の魅力を感じてほしいと思います。また、地元の方にも広く使っていただきたいと考えています。

新しい発見、意外な出会いが、きっと、この中にあるはずです。

中を開くとイラストマップが載っている。書店、ブックカフェ、図書館などに本のマークを付け、それ以外はギャラリー、喫茶店・カフェ、雑貨店、骨董屋など、約百店を掲載した。「本と散歩が似合う街」の中で立ち寄ってほしいと我々が感じる店を選んだ。

東京の東側、文京区と台東区にまたがる、谷中、根津、千駄木の中心を、「不忍通り」が走っています。この通りやそれに並行して走る小さな道には、個性的な新刊書店、古書店、図書館があり、気持ちのいい喫茶店やカフェ、散歩の途中に立ち寄りたい雑貨店やギャラリーがたくさんあります。

ふりかえってみると、この地域には、江戸期以降ずっと、文学や本に関わってきた歴史があります。また、谷中墓地を中心に数十の寺があり、大通りを一歩入れば、坂や路地にぶつかります。古い建物もほうぼうに残っており、休日ともなれば、多くの人々が散歩に訪れます。いわば、「本と散歩が似合う街」なのです。

そこで、私たちは、この辺りを「不忍ブックストリート」と命名しました。それとともに、「本と散歩」に関わるスポットを入れたイラストマップをつくり、無料で配布することにしました。

この地図を手にして、たくさんの本好き、散歩好きの人がこの街に訪れてほしい、そして、この街の魅力を感じてほしいと思います。また、地元の方にも広く使っていただきたいと考えています。

新しい発見、意外な出会いが、きっと、この中にあるはずです。

発起人　南陀楼綾繁（編集者・ライター）

2005年発行の「不忍ブックストリートMAP」第1版。イラストは内澤旬子

現在の表紙。四六判の本と同じサイズに

たとえば、谷中銀座の〈肉のすずき〉〈肉のサトー〉のコロッケやメンチカツ、〈八重垣せんべい〉〈谷中せんべい〉、〈根津のたいやき〉などは、散歩の途中での買い食いポイントとして載せた（そのときは、現在のように多くの観光客がコロッケやたい焼きをほおばりながら街を闊歩《かっぽ》する姿に、住人が顔をしかめるという状況は想像できなかった）。掲載にあたっては、すべての店に許可を取った。

また、大小さまざまな道をどこまで載せるかでも頭を悩ませた。全部の道を載せることはできないし、行き止まりの路地だからといって外してしまうと、街歩きの楽しさを削《そ》いでしまう。そのため、メンバーが分担して地図に記入した道を、内澤がもういちどたどり直して決定した。そのおかげで、「これまでのどの地図よりも歩きやすい」という評価をいただいている。

地図が出来上がると、掲載させてもらった店を中心に配布して回った。また、他の地域から足を運んでもらうために、都内の新刊書店や古書店、ブックカフェなどに置かせてもらった。

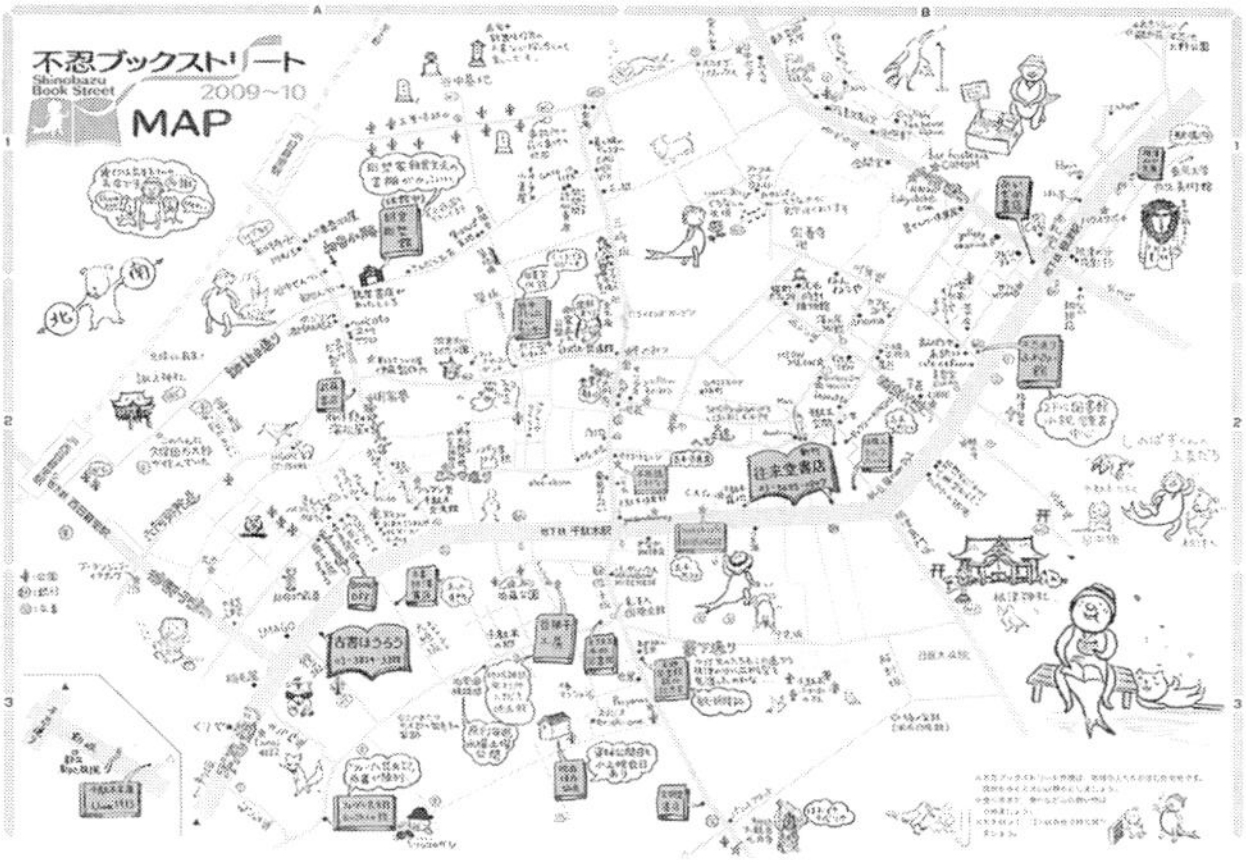

中を開くとイラストマップが載っている。書店、図書館などは「本マーク」で示す

一箱古本市が成功したこともあり、この地図を持ってこの街を歩く人たちが目につくようになった。

最初の地図の制作費は三つの書店で分担したが、翌年四月に発行した改訂版では初めて有料広告を掲載し、制作費に充てた。カフェ、木工所、靴屋、パン屋、不動産屋、美容院などさまざまな店が、安くない広告費を負担してくれた。それらの店の多くは、翌年も続いて広告を出してくれたり、知り合いの店を紹介してくれたりした。現在では毎年、枠が空くのを待つ店が出るほどになり、安定した広告収入を得ることができるようになった（もっとも、地図の制作費であらかた消えてしまうが）。

部数も毎年増え、現在は四万部を発行している。また、二〇〇七年版よりデザインの板谷さんの案により、四六判の単行本サイズに変更している。

――店主の申し込みが続々と――

一方で、一箱古本市の準備も進めていった。

まず、箱を置かせていただく「大家さん」を決めなければならない。古書ほうろう、往来堂書店、オヨヨ書林の三店舗の前は使うとして、それ以外に何カ所かは必要だ。ふだんは通り過ぎている店の前でも立ち止まり、箱を置けそうなスペースを有する店を探した。

また、千駄木のほうろうと根津のオヨヨの間をうまくつなぐ感じで、店を配置していく必要もある。不忍通りは歩道が狭く、店の前にも十分なスペースがない。そのため、そこから入り込んだ小さな道の店が多くなった。結果論だが、これは街の隅々まで散歩してもらうためにうまく働いたと思う。最終的には、十の大家さんが確保できた。

しかし、ここに箱を出す「店主さん」がいなければ、はじまらない。まだ公式サイトもできていなかった二月上旬、ぼくのブログで以下のような呼びかけをした。

「一箱古本市」というイベントを、ゴールデンウィークの4月30日（土）に行なうことにしました（雨天の場合は数日後に順延）。

出品者がミカン箱程度の段ボール一箱分の古本を持ち寄り、地図に登場する10店（予定）が「大家さん」となり、その店先（戸外）に箱を設置して、販売します。1店には、出品者の違う2～15箱が集まります。

地図を見ながら全店を回れば、合計50箱分の古本が見られることになるという、日本初（?）のネットワーク型古本市であります。

手元に不要な本が余っているという方から、プロの古本屋さんまで誰でも出品できます。ただし、以下のことを守っていただきます。

1．出品する本には、各自が店名と値段を書いた手製のスリップ（値札）を挟み込む。販売時にはそれを抜いて、売上を管理します。

2．本は箱（サイズ内であれば、段ボール箱、木箱、トランク、カートなど何でもいいです）に詰めて、当日、集合場所まで持参してもらいます。箱のサイズは38×32×21センチを上限とします。箱が用意できない人には、段ボール箱を渡します。また、遠方の方には郵送を受け付けるなど、救済策を講じます。

3．各設置場所では、交替で店番をしていただきます。誰がどの場所に箱を出すかは、主催者側で決めさせていただきます。人手が手薄な場所にはスタッフが交替で回ります。それ以外は自由時間とし、ほかの古本を見に行くなど自由です。ただし、終了時間には本を片付け、売上の精算をしていただきます。売上に対するマージンはいただきません。

4．参加費として、当日５００円を徴収します。これは雑費として使わせていただきます。

5．古本市終了後、「古書ほうろう」で打ち上げのイベントを行ないます（「一箱店主」は参加無料）。

この記事をアップした夜には、すぐに参加希望のメールが届き、一日で四十人を突破した。想像していたよりも、ずっと早い、ずっと熱心な反応だった。こちらは五十人を上限として考えていたので、慌てて相談して、あと二つの大家さんを増やし、七十五人まで受け付けることにした。数日後、取材で行った台湾のホテルで、最後の一人の申し込みメールを受けたときの感動は、いまでも忘れられない。

―「本屋さんごっこ」を楽しむ―

そして迎えた、四月三十日。第一回「一箱古本市」が開催された。幸い、天気は晴天だった。十二カ所の大家さんに、七十五箱の店主さんが出店した。

じつはこの回は、初めての試みということもあり、公募のほか、本好きとして知られる何人かに、こちらからお願いしてエントリーしてもらった。たとえば、『谷根千』の発行人で作家の森まゆみさん、ノンフィクション作家の枝川公一さん、谷中在住の作家・小沢信男さんらが、自分で本を選び、自分で販売した。

また、ミニコミ『酒とつまみ』や、中目黒の古書店〈ユトレヒト〉、あるいは関西からの書物同人誌『ｓｕｍｕｓ』（スムース）の林哲夫さんと山本善行さん、ミニコミ『モダンジュース』の近代《こだい》ナリコさんと扉野《とびらの》良人《よしひと》さん、〈貸本喫茶ちょうちょぼっこ〉のように、箱を送ってもらって、スタッフが代わりに販売するケースもあった。

そういう風に、レベルの高い箱をつくりそうな人に出てもらったのは、やはり、ぼくのなかにまだ、このイベントに対する一抹の不安があったからだろう。七十五箱集まったからといって、その中にどれだけ面白い本や個性的な箱があるのだろう……。お客さんは、どれだけ楽しんでくれるだろうか……。

しかし、そういう不安はおこがましかった。一箱古本市という初めての試みに興味を感じ、エントリーしてくれた店主さんたちは、ぼくたちが考える以上に意欲を持ち、工夫を凝らして当日に臨んでくれたのだ。

ギャラリー〈アートスペース・ゲント〉の前には5箱が出店（2009年春）

たとえば、オヨヨ書林前に出店した「森茉莉かい堂」は、森茉莉についてのブログをやっているちわみさんという女性が店主。この日は、森茉莉の著書のほか、長谷川時雨の『旧聞日本橋』など東京に関する本、吉田健一、牧羊子、開高健らの食べ物関係のエッセイを出していた。凄かったのはその売り方で、客が手に取った本について「ここにはこんな話が出ていて面白いですよ」「その作家が好きなら、きっとこのヒトも好きですよ」などと、決して押しつけがましくなく勧め、自然と買いたくなる気分にさせていた。値付けが安かったこともあり、売り上げ点数の第三位を獲得している。

また、カフェ〈NOMAD〉前に出た「ブックピックオーケストラ」は、「文庫本葉書」を出していた。これは「古本の文庫本が一冊クラフトの紙に包まれていて、中身が見えない状態になっている。表側は住所とメッセージを書く欄になっており、一方の裏側には、中に入っている古本の一節を引用したテキストが印刷されている」（内沼晋太郎『本の未来をつくる仕事／仕事の未来をつくる本』朝日新聞社、二〇〇九）というモノだ。

教会や特養ホームなどの公共施設も「大家さん」に（2009年春）

中身が見えないから、どんな本か気になる。だから、手に取ったヒトはかならず店主に話しかける。店主はそれに丁寧に答え、とてもいいコミュニケーションが生まれていた。店主の内沼晋太郎さん（一九八〇年生）は当時、往来堂書店でアルバイトをしながら、「ブックピックオーケストラ」で本に関す

1919年（大正8）に建築された旧安田楠雄邸の軒下も「大家さん」に（2009年春）

るプロジェクトを行なっていた。現在では、ブック・コーディネーターとして活躍中だ。

これと似た趣向なのが、喫茶〈乱歩〉前に出た「ふぉっくす舎」の「マドアキ文庫」だ。端っこに四角い窓の開いた封筒に文庫本を入れ、表紙のイラストを一部だけ覗かせる。封筒にはその本についてのキーワードを書く。そうやって中身を想像して買ってもらうというものだ。店主の根岸哲也さん（一九六六年生）は、あるところで見た「文庫本葉書」にインスパイアされて、このアイデアを思いついたという。根岸さんは翌年も、一冊の本に二種類の定価をつけ、くじびきの結果で値段が決まる「くじびき文庫」で参戦した（結果は十二勝二十四敗のボロ負け）。

このように店主は、屋号の付け方、スリップやディスプレイのデザイン、本の並べ方から売り方にいたるまで、自分でアイデアを考え、存分に「本屋ごっこ」を楽しんでいた。

また、お客さんもいちはやくこのイベントのポイントをつかみ、面白がってくれたようだ。自分の好きな作家の本ばかり詰まった箱を見て「まるで私の家の本棚みたい！」と喜んだり、同じ装丁家の本を求めて箱から箱へと移動したり。

「森のクマ文庫」の屋号で往来堂書店前に出した森まゆみさんは、「店番をしてよくわかったことは、必ずしも新刊ベストセラーや昨年の話題作、受賞作が売れるわけではないってこと。さすがみなさん目が肥えているんですなあ。箱の中が東京物、江戸物、美術物といった性格のはっきり定まった箱からどんどん減っていく」との感想を抱いている（「森まゆみの一箱古本市店主体験」『谷根千』第八十号、二〇〇五年七月）。

谷中のお寺・宗善寺の境内にも多くの本が並ぶ(2009年秋)

　また、スタンプラリーも第一回から行なっている（この回のスタンプのイラストは漫画家の藤本和也さん）が、とてもたくさんの人が、スタンプを求めて全スポットを回ってくれ、用意した景品（特製マッチ百

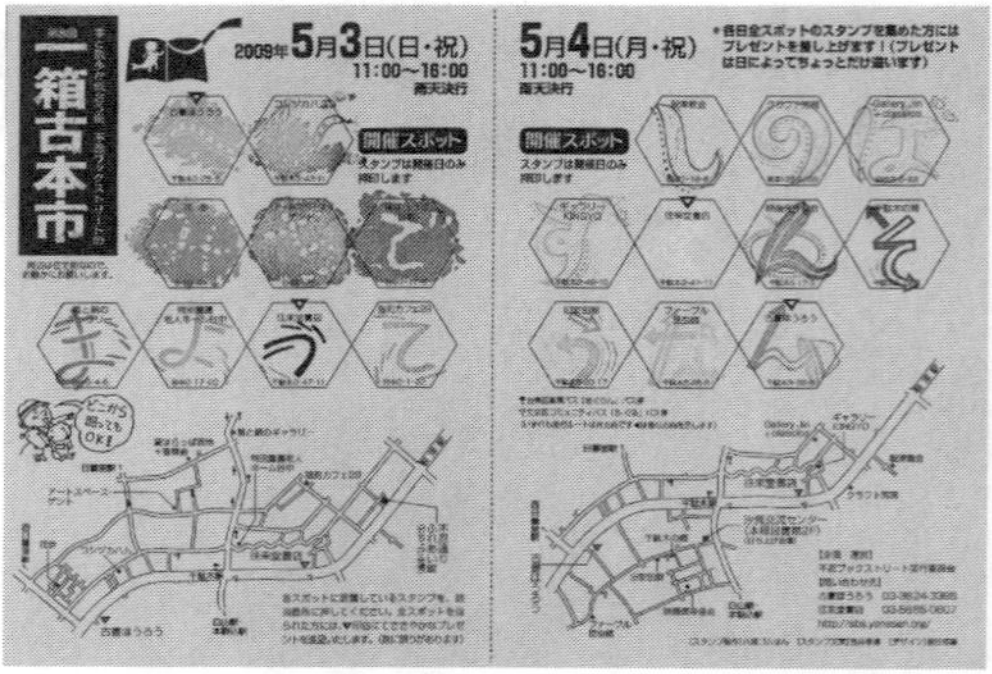

スタンプラリーカード。スタンプをすべて押すと一つの文章になる。スタンプ製作は八朔ゴムはん・片岡知子さん

五十個と台湾で買ったハガキ百枚）がすべてなくなった。訪れた半分がスタンプラリーに参加したと仮定しても、おそらく五百人以上が一箱古本市を覗いてくれたことになる。

―― こんなに楽しいなら、秋もやりたい ――

この成功を受けて、翌年（二〇〇六年）も四月二十九日に開催。こんどは十五カ所の大家、百箱の店主となった。

しかし、この日は一時半から大雨が降りだし、止《や》むのを待ったが、三時には涙をのんで中止した。その代わり、〈不忍通りふれあい館〉での打ち上げイベントの時間を繰り上げて、店主同士の本の交換会を行なっている。

二〇〇七年からは、雨がしのげる場所を大家さんとして借りるという原則を立て、これまでと違う店を加えて、十五カ所・百箱で開催。ところが、この頃から「一日で十五カ所は回りきれない」という意見が強くなり、二〇〇八年には一日五十箱で、エリアを変えて二日開催。同時に、この時期に地域内で行なわれるイベントをまとめて、「一箱古本市ｗｅｅｋ」として告知することにした。

もうひとつ大きな変化は、二〇〇六年に「秋も一箱古本市」がはじまったことだ。第二回の一箱古本市に助っ人として参加した、田端在住の中村加代子さん（一九八〇年生）と石井清輝くん（一九七九年生）のカップル（のちに結婚）が、「こんなに楽しいなら、秋もやりたい」と、二人で企画し、実現したものだ。彼らは「不忍ブックストリート青秋部」を名乗り、春とは違う大家さんを打診し、十月二十二日に四カ所・五十箱で開催した。その後も、毎年秋に五十箱の規模で開催している。

また、販売方式についても、変更があった。第一回は、スポットごとにまとめて会計し、店番は交代で行なう「集中レジ方式」だった。これは、店主がほかの箱を見て回れるようにという配慮からだったが、数人で参加する箱が多いことや、「自分の本は自分で売りたい」と希望する店主が多かったことから、二〇〇七年春には、箱ごとに会計を行なう「フリーマーケット方式」と「集中レジ方式」を、大家さんによって使い分けた（二〇〇九年春には「フリーマーケット方式」に統一）。

店主の参加費は、第一回は五百円だったが、これでは諸経費がまかなえず、次回から千円に値上げした。この数回は二千円いただいているが、これでも、チラシの印刷費や店主への書類発送費を考えると、トントンというところだ。

このように、回によって少しずつ変更を加えながら、一箱古本市は継続している。春・秋を通算すると、二〇〇九年秋で第九回となった。

二　本屋さんたちのホンネ　二

不忍ブックストリート結成以来、地図についても、一箱古本市についても、活動の拠点であり、連絡場所となってきたのは、古書ほうろう、往来堂書店、オヨヨ書林の三店舗である。彼らはどのような動機で、この試みに参加したのだろうか？

▼古書ほうろう（千駄木三丁目）

三十三坪と古書店にしてはかなり広い店舗には、文学、思想、映画、美術、音楽などの単行本、文庫本が整然と分類されて、並ぶ。古本だけでなく、ミニコミやマイナー版元の書籍、インディーズレーベルのＣＤやＤＶＤも扱う。また、レジ前と奥のテーブルの上は、この地域や都内で開催されるライブ、展覧会などのチラシやフリーペーパーの集積所となっている。年に何回かは、奥の棚を動かしてスペースをつくり、トークやライブ、映画上映などのイベントを行なっている。

ほうろうのメンバーは、宮地健太郎さん（一九六八年生）、宮地美華子さん（一九六六年生）、

〈古書ほうろう〉の外観

山﨑哲《あきら》さん（一九六六年生）、神原智子さん（一九七〇年生）の四人。健太郎さんと美華子さん、山﨑さんと神原さんはそれぞれ夫婦である。

一九九五年、現在と同じ場所に、三ノ輪で〈古書宮橋〉を経営するオーナーが支店を開店。三ノ輪店で働いていた山﨑さんとその友人の八人が、交代で三ノ輪店と千駄木店を切り盛りすることになった。一九九七年、オーナーの本業が厳しくなったことから、全員に解雇を云い渡される。しかし、店を続けたいと考えた四人が、交渉の結果、店を続ける権利と在庫を受け継いだ。そして、一九九八年二月に古書ほうろうを開店した。店名は、小坂忠の「ほうろう」という歌から名付けられた。

古書組合には属さず、店での買い取りだけで棚をつくる。昔から作家や編集者などが多く住み、講談社発祥の地でもある千駄木にある店だからこそ、店に置きたい・店で売りたい本を売りに来てくれるお客さんが多い。明らかに往来堂書店で買った新刊本を読んでから売りに来る人もいる。「この地域の人たちの本の交換を手伝って、それで生活できたらいい」と思うようになった。

「古本屋で働いた経験がなかったし、店を持つということがどういうことかも、あまり考えずにはじめました。とにかく、自分たちは古本屋っぽくない古本屋なんだという気持ちが強くありました」と健太郎さんは云う。「自分たちの好きな場所をつくりたいと考えていった結果、古本以外のものを置いたり、イベントをするようになったんです」と美華子さん。そうこうしているうちに、常連のお客さんや地元の知り合いが少しずつ増えていった。

そのほうろうは、二〇〇四年十一月、同じ不忍通りの百メートルしか離れていない場所に〈ブックオフ〉千駄木店ができたことで、大きな打撃を受ける。

「それまで売れていた文庫やコミックの売り上げが一気に下がりました。これまでのように地元のお客さんだけを相手にしたやり方では、じり貧になっていくのではという危機感がありました」（健太郎）

ちょうど、そんなときに忘年会で「不忍ブックストリート」の話が出たことで、何か新しい展望が開けるのではないかと思い、賛同した。

「みんな大勢の人と一緒に何かをやった経験がなかったから、はじめはなかなか慣れなかった。でも、それぞれが自分の知識や能力を生かして、地図や一箱古本市をつくり上げていく過程を見られたのはよかったと思います」と神原さんは云う。

第一回の一箱古本市では、大家さんとして場所を提供することで、店内にも客が集まり、創業以来最高の売り上げを達成した。また、地図を制作したり配布したりする過程で、それまで話す機会のなかった近所の店の人と親しくなれた。

「この活動があったことで、ブックオフ憎しで凝り固まらずに、不忍ブックストリートをいいものにすることで、店自体もよくできる、と考えることができるようになりました。それが一番よかったことかな」と健太郎さんは云う。

▼往来堂書店（千駄木二丁目）

往来堂書店は、千駄木駅と根津駅のほぼ中間にある、二十坪ほどの新刊書店だ。自動ドアが開くと、真正面には『谷根千』のバックナンバーやこの地域に関する本が山と積まれ、右側の壁には格差社会、ジェンダー、少年犯罪など、いまの社会事象を読み解くための本が面出しされている。いわゆるベストセラーはレジ横の棚にある。雑誌コーナーは存在せず、ジャンルごとの書籍と一緒にされている。「金太郎飴」に陥りがちな町の書店としては、まったく型破りな棚づくりなのだ。

この店は一九九六年十一月にオープンした。大塚にあった〈田村書店〉の店長だった安藤哲也さんが、鳥取県の大山で行なわれた「本の学校　大山緑陰シンポジウム」（173〜177ページ参照）で受けた刺激をもとに、親会社（不動産会社）を説得して出店したのだ（安藤哲也『本屋はサイコー！』新潮ＯＨ！文庫、二〇〇一）。千駄木を選んだのは、安藤さんの散歩コースであるとともに、生活の匂いが濃い地域だったからだ。安藤さんは、売れ筋である雑誌を奥に置き、単行本や新書を前に持ってきた。さらに、それらを従来のジャンルに沿って並べるのでなく、本同士の関連性やキーワードを重視して並べる「文脈棚」とした。この発想は、本好きが多く住むこの地域の読者の琴線《きんせん》に触れ、「神保町で買うより地元の往来堂で買う」という客を増やした。

　そして二〇〇三年。安藤さんがオンライン書店「ｂｋ１」に移るため店主を辞め、笈入建志《おいりけんじ》さん（一九七〇年生）が二代目店長となった。笈入さんは大学卒業後、池袋の〈旭屋書店〉で

〈往来堂書店〉の外観

働いていたが、ホームページでの募集を見て応募した。

「デパートの中の大書店では『ない本がない』ようにするのが、いちばんの仕事です。でも、そこではお客さんの注文への対応が中心で、自分の考えはあまり出せなかった。往来堂みたいな小さな店だと、極端に云えば何を置いてもいい。というより、お客さんを見て何を置くかを自分で考えないといけないんです。それまで歯車の一部みたいに感じていたのが、この店に来て『人の営み』をしているんだと思いましたね」と笈入さんは云う。

取次からの配本はもともと少ないので、自分の目で本を仕入れる。東京、食べ物、落語といったこの地域では外せないテーマを充実させるとともに、一般向けに書かれた人文書を軸に自分なりの「文脈棚」をつくり上げていった。また、アルバイトのスタッフにも自分の得意なテーマでコーナーをつくらせる（二〇〇九年には、スタッフが編集するフリーペーパー『往来っ子新聞』を創刊）。

不忍ブックストリートに参加したのは、店から外へ出ていくためのいいきっかけになると思ったから。実際、地図をつくり、店で配布することで、地元の店やお客さんとコミュニケーションが深まった。「近所の喫茶店に置かせてもらっているんですが、コーヒーを飲みに行ったときに『まだ残ってますか？』と声をかけ、なくなっていれば次来るときに持ってくる。地図を媒介にして、そういうやり取りが自然にできる」。

新刊書店の前で古本を売ることにも、ためらいはなかった。「しばらく前から古本コーナーを持っている新刊書店はあるし、新刊・古書の併売はこれからどんどん増えるでしょう。アマゾンなどでは新刊と古書の区別がほとんどなくなりました。むしろ、一箱古本市に来たお客さんが一緒に新刊を買ってくれるわけじゃないのが、悩みかな。古本ほどには『いま買っておかないと』という一期一会の感覚が薄いんでしょうね」と笈入さんは苦笑する。

もうひとつの成果は、フェアやイベントとの連動だ。不忍ブックストリートのスタッフや、一箱古本市の「大家さん」が選ぶ本のフェアは、既刊本にスポットを当てることで、思わぬ売り上げにつながった。また、狭い店内では不可能だった著者のトークイベントを、「一箱古本市ｗｅｅｋ」の一企画として、場所を借りて開催することができた。

「地図がこれだけ普及してきたのだから、そこから、町内会や商店街とはべつの店同士のつながりが生まれてくれれば」というのが、笈入さんのいまの願いである。

▼オヨヨ書林（根津一丁目、現在は北青山三丁目に移転）

山崎有邦さん（一九七五年生）は、大学を卒業してすぐの一九九九年に、オンライン専業でオヨヨ書林をはじめた。扱うのは芸能、風俗、サブカルチャーなど。戦前の本や雑誌など、ほかのオンライン書店とは一味違う品揃えが魅力的だった。店名は、愛読していた小林信彦の「オヨヨ大統領」シリーズにちなんだもの。

まだ趣味の域を出ないオンライン古書店が多かった中、山崎さんはいち早く古書組合に加盟、即売会に参加するなど、若いながらもプロとして活動してきた。数回の事務所移転を経て、二〇〇四年夏に根津駅近くに初めての店舗を開く。

「二〇〇二年にアマゾンがマーケットプレイス（古書の併売）を始めたあたりから、店のサイトの売り上げが落ちはじめました。それまでは何度も買ってくれるお客さんがつかめていたんですが、安ければどこの店で買っても構わないというお客さんがほとんどになった。じっさい、全国どこからでも買えますしね。そんなときに、知り合いの古本屋さんが店を閉めるというので、居抜きで借りて移ってきました」

店を開いて半年後に、「不忍ブックストリート」の話を持ちかけられ、賛同した。

「古書ほうろうや往来堂書店の人たちと話せたことで、初めての店舗の心細さがずいぶんまぎれました。一店舗だと出来ないことも、みんなが集まることによって地図やイベントが出来るようになった。うちの店への宣伝効果もだいぶあったと思います」と山崎さんは云う。


山崎さんと云えば、スタッフにもかかわらず、一箱古本市の日にはあちこちに出没して、大量に本を買いまくっている姿が思い浮かぶ。

「一箱古本市はほんとに全部の箱から一冊ずつ買いたいくらいです。値段も品揃えもバラバラですし、どの箱も店主の個性が感じられて楽しいです。あるとき、谷根千工房の山﨑範子さんが、海外では百万円以上で取引されている川田喜久治の写真集『地図』（美術出版社、一九六八）

〈オヨヨ書林〉の外観

をたった一万円で出していました。月曜社から復刻が出る前でしたからね。タッチの差で人に買われてしまい、悔しい思いをしました（笑）」

この場所で四年間、店舗を開いていたが、根津駅の直近とはいえ、人通りがあまりない場所であり、なかなか認知してもらえなかった。また、事務スペースがとても狭く、接客をしながらの作業がしにくいこともストレスになった。それで、二〇〇八年末に北青山に店舗を移転した。

三店舗をベースにしていた不忍ブックストリートとしては、根津から本屋さんがなくなるのは痛手だったが、山崎さんはいまでも千駄木に住み、一箱古本市の打ち上げイベントではぼくと一緒に司会役をつとめてくれる。

「ジャンル系」から「ノープラン系」まで

一箱古本市に来た人が驚くのは、「店主にも客にも女性が多い」ということである。実際には、店主は申込者で見ると男女が半々。だが、複数で参加する場合、女性同士か男女ペアのケースが多い。一方、一人で参加する人は圧倒的に男性が多い。また、お客さんも、男性

女性3人による「あいうの本棚」。ディスプレイにも工夫を凝らしており、実行委員から「デザイン賞」が授与された（2009年春）

はあまり話しかけずに目的の本を買うと去る人が多いのに対して、女性は「この本のデザインいいですねー」「私もこの作家好きなんです」などと会話することを楽しんでいる人が多く、その分目立つ。だから、全体に女性優位な感じを受けるのだろう。年齢は上は七十代から下は大学生までと幅広いが、中心は二十〜四十代だ。

もうひとつは、「意外に面白い本が多い」ということだ。第一回を前にしたぼくが不安に感じたのと同様に、本好き、とくに古本屋や古本市によく通っているタイプの本好きほど、「シロウトが出す本なんて、たいしたものじゃないはずだ」という思い込みがある。彼らはフリーマーケットで、服や雑貨に混じって出されている赤川次郎の文庫本やコンビニコミックを見たときの徒労感を思い浮かべているのかもしれない。

しかし、すでに見てきたとおり、一箱古本市の店主は、本に対してのこだわりを持つ人が多い。好きで読みこんできた本を手放すときの複雑な心境とか、儲けることだけを目的としない姿勢によって、プロの古本屋が表現できないような楽しさ・面白さを表現することに成功している。

一箱のタイプは、店主によってさまざまだが、強引に分類すると次のようになるだろうか。音楽の本、建築書といったジャンルを明確にした「ジャンル系」、箱のデザイン、看板などに命をかける「ディスプレイ系」、一風変わった本の見せ方や売り方を考案する「コンセプト系」、自分が書いた・つくった本の告知も兼ねて参加する「著者・出版社系」など。

もちろん、中には最近読み終えた本をランダムに詰め込んだり、家族の不要本を持ってきただけという「ノープラン」系の箱もある。だけど、フリーマーケットと違って、一箱古本市ではそれらの箱の本もよく手に取られる。個性的でテーマを打ち出した箱が多いので、こういったお気楽な箱がないと疲れてしまう。箸休めといっては店主に失礼だが、なくてはならないタイプである。

彼らが参加したきっかけは、「自分で本を売ってみたい」「とにかく本を減らしたい」「自分の愛読書が、本好きの人にどう受け取られるか反応を確かめてみたい」など。「お客さんとして見に来たら、楽しそうなイベントだったから」次から参加したという人も多い。

第一回から「トンブリン」の屋号で参加しているタケミツさん（一九七一年生）は、「書店の棚を眺めていて、その本の並びをつくった店員と対話しているかのように思う時があります。そして、もし自分が棚づくりをしたらどのように見られるのだろうか、お客さんとどんな話が出来るだろうかと考えることもありました。そこに一箱古本市の開催を知り、書店の棚ひとつでも大変なことだけど、それが一箱ならば出来るのではと参加したんです」と云う。

実行委員の息子さん（通称「隊長」）が、店主としても活躍

また、二〇〇六年春から参加している「本と本の雑貨　ＢＯＯＫ　ＬＯＶＥ」さん（一九七〇年生）は、最初出たときの周りの箱に触発されたと云う。

「私らしい箱、を考えたときに浮かんだテーマが『本と本の雑貨』でした。ミュージアムグッズのような、本をテーマにしたグッズを扱うお店があれば良いのに、とかねてから思っていたからです。屋号も解りやすく考え、ディスプレイも、ワインの木箱に額に入れた看板をつけ、ポップもつくって参加するようになりました」。

同じく二〇〇六年春から参加の「市川糂汰堂《じんた》」は、東京に関する本が、全体の半分を占める。「東京本を手にするお客さんは、二つのグループに分けられます。まず、地図と写真が多く、すぐに役立つ実用的なガイドブックのようなものを求める人たち。こちらは年齢も比較的若いお客さんです。それから、すでに東京本を何冊も持っている人たちで、本の選び方も厳しいものがあり、著者や内容をよくチェックされます。やはり年齢が高い方が多いようです。たとえば、池波正太郎の『江戸古地図散歩』（平凡社）には、一九七五年に発行されたカラー新書版と、その後再編集され最新地図が追加されたコロナブックス版があります。持って歩く場合は、新しいコロナブックス版が便利ですが、一九七五年当時の東京風景写真が入っているカラー新書版をあえて選ぶ方がいます」と、店主のSさん（一九五〇年生）は分析する。

二〇〇七年秋から参加の「たけうま書房」は文学書やエッセイなどのほかに、毎回音楽C

Dを出している。店主の稲垣篤哉さん（一九六九年生）は、一枚一枚のスリップにオススメのポイントを自分の言葉で書いている。まったく聴いたことのないCDでもこのオススメを読んでいると、買いたくなってくる。また、希望者にはiPodで試聴もさせてくれる。二〇〇九年の春は、「勝手にCDブック」と題して本とCDをセットで販売していた。『愛石界』とCD『無能の人』（ゴンチチ）という「つげ義春つながり」や、『美術手帖』のロバート・メイプルソープ特集とパティ・スミスのCD『LAND』という「同棲つながり」など、判る人には判る組み合わせが楽しい。

―自分のブログでレポート―

店主は申し込み時に、自分の箱についてのアピール文を書くことになっている。たとえば、こんな感じだ（いずれも二〇〇九年春のもの）。

「ジャンルは、講談社文芸文庫や河出文庫を中心とした文学、旅行記、広義のサブカルチャー、エセー、まんが、ノンフィクション、美術手帖、ムー等で、割合としては文庫と単行本で約2対1となる予定です。ジャンルで大別し、場所によりですが、見易い店舗（?）にしたいと考えております」(屋号「青ベリー」)

「挫折にジャンルなし。あの時流行っていたあの本、この小説、読もうと思っていたあのシリーズ……すべて読みかけで二度と開くことがなかった数々の書籍を販売致します。中には洋書や辞書もあるかも? 本人も十数年ぶりに片づけた部屋から発掘したものばかり、紙屑になる前にもう一度、誰かに読んでもらいたいと思ったものばかりです。是非覗いて見てください」(屋号「挫折書房」)

「古本は自身が主に思春期~最近に読んでいた日本の作家の小説、幽遊白書・お父さんは心配性・すごいよマサルさん等マンガ全巻セットなどアラウンド30世代のツボを突くラインナップ。ファッション系の写真集もあります。自作のブックカバーや巾着袋などの布小物(カエル、猫、パンダ、乙女アンブレラ柄や生成の無地)の販売も。おしゃれというよりドキュンとするファンシーな物でお客さんを明るく元気にするお店にしたいです」(屋号「すみこの窓」)

これらのアピール文は、ひと月ほど前には出店場所別に公式サイトにアップされる。これを見て、店主は自分と同じ場所に出る箱の傾向を知り、お客さんはどこから回るかを検討するのだ。

また、店主の多くはブログやサイト、ｍｉｘｉなど自分のメディアを持っている。そこで、一箱古本市にエントリーしたことや、どういう本を持っていくかを予告する人、当日の様子をレポートしてくれる人は多い。

二〇〇八年秋から参加している「とみきち屋」は、「お金をかけず、与えられたスペースの中でいくつかの世界を演出する」をモットーに、ひとつの箱の中に百円ショップで購入した小さなかごをいくつか入れ、それぞれに「クラシックの森」「ロシアの広場」「太宰と安吾」などのテーマを設定して本を並べている、また毎回、出品した本のリストを用意し、希望者に見てもらっている。

「番頭」の風太郎さん（一九五九年）はブログで、一日は客として、二日目は店主としての見聞を、臨場感のある文章で伝えている。たとえば、こんなエピソード。

若いお父さんが、二歳ぐらいの妹さんを抱っこしながら、五味康祐『五味手相教室』を手に取られました。とてもお若い方なので、番頭が「五味さんをご存じですか？」とお尋ねしたら、「いいえ、知りません」。そこで、番頭が、五味さんは本来剣豪小説を多く書かれた作家なんですよ、などとご説明しているあいだ、３～４歳ぐらいのお姉ちゃんは、お隣「もす文庫」さんのお手製缶バッジに目が釘付け。（略）結局、お父さんも根負けして、ご自身には『五味手相教室』を、お嬢ちゃんたちには缶バッジ二つを購入されました。

その間、実は、「ロシアの広場」の棚から井筒俊彦『ロシア的人間』を手に取って、ぱらぱらとご覧になっていました。「以前、この人（井筒俊彦）のイスラム関係の本を読んだことがあるので、ちょっと気になって…」と。しかし、缶バッジを見事手に入れ満足したお嬢ちゃんに手を引っ張られて、立ち去られました。

しばらくして、またお父さん登場。再び『ロシア的人間』に手を伸ばされます。店主が「先ほどはありがとうございました」とご挨拶したら、お嬢ちゃんが迎えに来ました。「おとうさん、あっち～」。どうやらお母さんも合流されたようです。慌てて本を棚に戻し、「僕、最近手相をちょっと始めたんですけど、さっきの本、すごく面白いです。ありがとうございました。またあとで買いに来ます～」と言い残して立ち去られました。

時が過ぎ、『ロシア的人間』に興味を示される方が多く、お取り置きしようかどうしようかとても迷いました。でも、だんだん終了時刻の5時も近づき、秋の日暮れは早いので薄暗くなってきました。幼いお嬢さん連れですから、もういらっしゃらないなぁと思っていましたら、終わる間際にお父さん一人で登場。なんとなんと、お約束どおり『ロシア的人間』をお買い上げいただきました。本をめぐってこういう出逢いがあったことが、本当に嬉しかったですね〜。

（「とみきち読書日記」二〇〇八年十月十七日）

一箱古本市に関しては、店主にしろ、お客さんにしろ、こういった記事が毎回たくさん書かれている。当日参加したことから、買った本やその箱について書くことまで含めて、このイベントを楽しんでいるのだ。これも従来型の古本市と大きく違う点だろう。

ネット上に散らばった記事を集めてリンク集にしてくれるヒトまで出てきた。本に関する情報をいち早くキャッチするブログとして知られる「退屈男と本と街」の退屈男さん（一九八二年生）が、第一回にまとめた「一箱古本市まとめリンク集」には七十以上のリンクが集められ、主催者側も知らなかった記事を読むことができた。あとになっても参照できるので、きわめて貴重な資料集になっている。このリンク集は、二〇〇九年春から店主でもある「モンガ堂」の富永正一さん（一九五〇年生）が引き継いでくれた。

― なくてはならない「助っ人」たち ―

一箱古本市はお金こそあまりかからないが、時間と手間がきわめてかかるイベントである。地図の制作と並行しながら、大家さんの決定、ポスターやチラシの制作、店主の募集などを行なうのは実行委員だが、その先に発生する、地図やチラシの配布、スタンプラリーの景品制作などの実作業を行なう人や、当日、各スポットに配置され、店主の補助やスタンプを押す専従スタッフは、公募した「助っ人さん」に頼るしかない。

助っ人は、謝礼も交通費も出ないボランティアだ。しかし、「ボランティア」というコトバには義務的なニュアンスを感じてしまうので、ぼくたちは「助っ人」と呼んでいる。『本の雑誌』がまだ首都圏の書店に直接納品していた時代、学生を中心とした無料バイト（メシと酒だけはタダ）を「助っ人」と呼んでいたことが、ぼくの頭にあったようだ（ぼく自身、大学一年生の時にちょっとだけ『本の雑誌』の助っ人だったコトがある。ほとんど働かないまま、フェイドアウトしてしまったが）。義務感で奉仕するのではなく、手伝いながら一緒に本のイベントをつくり上げていくことを楽しんでほしい、と考えたのだ。

虫のイイお願いにもかかわらず、これまで多くの人たちが助っ人として、一箱古本市を支えてくれた。毎年春に地図ができると、東京都内の配布スポットに持って行ってくれるし、チラシを折ったり書類を発送したりという地味な作業にも文句を云わず従事する。当日、各スポットの専従となった人は、三時間ぐらいその場から動かずに、ひたすらスタンプを押す。「今年も、ほかのスポットを覗けなかったなあ」と愚痴りつつも、彼らはなぜか楽しそうなのだ。

助っ人に志願する動機は、「店主は大変そうだけど、助っ人ならできそうだから」「本のイベントに興味があったから」「なんとなく楽しそう」など。もっとも多いのは、いちど店主として参加してから、主催者側へのお礼の意味を込めて助っ人になったというケースだ。

編集者のツカダマスヒロさん（一九七二年生）は、二〇〇六年春の店主を経て、助っ人となった。

「いちど店主を経験すると、その面白さはわかりますが、その大変さもわかります。店主をするためには、売ってもいい本をセレクトしたり、コンセプトを考えたり、いろいろと準備が大変。二〇〇八年も店主をやろうと思っているうちに締切日が過ぎてしまい、でも、ずっと応援したいイベントでもあるので、何らかの形でお手伝いできればと思い、初めて助っ人として参加させていただきました。ある意味、一箱古本市の理念に賛同したシンパみたいなものです」

一箱古本市への参加が「縁結び」になったケースもある。「ドンベーブックス」のSさん（一九七三年生）は、二〇〇八年春に当時遠距離で交際していたKさん（一九七八年生）と一緒に参加。それが楽しかったので、次は「恩返しのつもり」で、二人で助っ人にもなった。それらの「共同作業」がきっかけのひとつとなり、彼らは二〇〇九年に結婚した。結婚パーティーの会場に、古本を詰めた箱を置き、ご祝儀代わりに来場者に買わせたという猛者《もさ》である。

二〇〇六年から「やまがら文庫」の屋号で参加した吉井孝博さん（一九五九年生）は、こう語る。

「定年後、父が永年Jリーグの浦和レッズで生き生きとボランティアをやっているのを見ていて、自分でもなにかやりたいと思っていました。それで助っ人に応募しました。一箱のお客さんに、『本に出会うよろこび』があるように、店主にはにわか古本屋になって『本を売るよろこび』があると思います。そして、助っ人には、それを超えた『一箱古本市に参加しているよろこび』があると思います。それと、私の場合、チラシ配りとスタンプ押しが異常に好きなんです（ちょっと病的ですか?・）」

吉井さんは二〇〇九年には、助っ人からもう一歩、主催者側へ足を踏み入れることになる。前年末にオヨヨ書林が青山に移転し、また、これまで事務局として頼ってきた古書ほうろうも店に専念するためにフルに活動できなくなった。そこで、これまで助っ人をしてくれた九人に、新たに実行委員となってもらったのだ。それぞれが仕事や家庭を抱えるなか、彼らは自分の責任を果たすとともに、これまでとは違うアイデアや進め方を持ち込み、新しい風を入れてくれた。

会議や作業が終わるたびに、助っ人や実行委員は近くの居酒屋に流れ、酒を飲みながらあれこれ話しあう。好きな本についての話題が盛り上がることもあるし、運営上の問題点を議論することもある。飲み会を積み重ね、とうとう一箱古本市の当日を無事に終えると、スタッフ全員で居酒屋で打ち上げをする。このときに飲む一杯は、とてつもない達成感に満ちているのだ。

― 五年で得たもの、これからの課題 ―

二〇〇九年の秋で、一箱古本市は通算九回目を迎える。一方、地図の改訂は四回目で、五種類の地図をつくったことになる。これまでの地図を並べてみると、わずか五年間に起こった変化の大きさにとまどう。

たとえば、本マーク。二〇〇六年には〈ブックス&カフェ・ブーザンゴ〉、二〇〇七年には古本と古道具の〈不思議《はてな》〉、二〇〇八年にはブックカフェ〈千駄木文庫Ｕｍｅ１９１３〉がオープンした。これらの店はいずれも古本専業ではないが、「ブックストリート」の匂いを求めてこの界隈にやってくる人が立ち寄る場所になった。雑誌などで「谷根千」特集が組まれるときに、「不忍ブックストリート」にページが割《さ》かれることも増えた。その一方で、昔ながらの新刊書店がこの五年間にひっそりと消えていったのは寂しい。

また、店と店との間が緊密になった。この地域にはギャラリーや展示・ライブを行なうカフェが多いのだが、それらの情報を集約する場所がなかった。二〇〇八年春からはじめた「一箱古本市ｗｅｅｋ」では、地域の店が企画するイベントを一緒に紹介するとともに、不忍ブックストリートの実行委員が企画したトークやライブ、ワークショップも開催した。一箱古本市をはさんだ約二週間、ココに来ればいつでも何かやっている、というメッセージを打ち出したのだ。

さらに、実行委員や助っ人に限らず、本や不忍ブックストリートの活動に興味のある人な

〈茶ノ間〉での出張ミシマ社のワークショップ。参加者とともに本のタイトルを考えたり、POPをつくったりする。

らだれでも参加できる茶話会も、ブーザンゴを会場に毎月行なっている。

ぼくは当初、魅力あるこの地域を「本」という視点からとらえ直す、あるいは、「本」によって街を編集してみたい、と思っていた。一箱古本市の店主を配置したり、どの店の前に箱を置いたら面白いかと考えたり、この場所でこんなイベントをやろうと話し合ったりすることが、カタチとしての本をつくるのと同じぐらい、いやそれ以上に、編集者としてワクワクする体験だった。その思いが一方的なものではなく、五年経ったいま、地域の人たちの間で少しずつ共有されている。そのコトがとても嬉しい。

もっとも、問題だってまだまだある。

ひとつは、一箱古本市の店主の意識が少しずつ変わってきたことだ。回を重ねるごとに売り上げが伸び、次はもっと売りたいと考える。その熱心さはいいのだが、いつの間にか、本来の「本屋さんごっこ」を楽しむ気分が薄れてしまったのではもったいない、とぼくは思う。たとえば、毎回問題になるのだが、一箱の外に別の箱を置いてみたり、大量に本を積み重ねる店主がいる。一方で、一箱に収めることに腐心するあまり、はみ出ている店主を批判する人がいる。主催者としては「一箱の宇宙」を楽しんでほしいのだが、それを機械的に守らせるというのも、なんだか野暮な気がする。

それに、最近では常連の店主が多くなった。運営する側としては、慣れている人が増えるのはありがたいが、これから店主で参加したいという人には、ちょっとハードルが高くなっているかもしれない。常連が増えると、出す本までなんとなく似てくる傾向があるのも否めない。

また、この先、「不忍ブックストリート」をどんなカタチにしていくのかについても考えなければならない。これまでの活動は、実行委員・助っ人のまったく無報酬、どころかかなりの持ち出しの労働によって成り立ってきた。古書ほうろうや往来堂書店にしても、一箱古本市の当日こそ売り上げはいいが、その前後にかかった労力は計りしれない。ぼくのようなフリーランスの人間も、事情は同じだ。活動自体が収益につながらなくても、その活動に関わった人たちが何らかの利益を得て、やる気を維持できるようなしくみをつくることはできないだろうか。

そして、この地域全体の問題もある。今年の夏、『谷根千』は第九十四号で終刊を迎え、谷根千工房の活動もいったん終わる予定だ。これまで谷根千工房が果たしてきた、地域内の情報集積や小さな活動をつなぐ役割を、こんどは誰が引き継いでいくのか。

まだまだ手探りの状況だが、一箱古本市や地図によって生まれた、「本」を媒介としたコミュニケーションがこの地域全体に広まり、店と店、人と人がつながっていく。その結果、この地域が名実ともに「ブックストリート」になる日が来ればいい、とぼくは思う。

一箱古本市のはじめかた

自分の街で一箱古本市をやりたいと考えたなら、まず、「スタッフ」「場所」「店主」という三つの条件について考えてみてください。

スタッフは、気の合う仲間がいればＯＫ。それぞれの職業や経験に応じて、相談しながら作業を割りふっていきます。店を運営しているヒトがいれば、事務局にさせてもらうこともできるでしょう。メーリングリストやブログが重要な役目を果たすので、パソコンに習熟した人は欲しいところ。イベント当日は店主のサポートや客の対応などで忙しいので、その日だけの「助っ人」を募集するほうがいいでしょう。

場所は、路上で行なう場合は、雨が降ったときの対策がとれるところがベスト。場所を貸してくれる店舗や施設に、迷惑をかけないことも大事です。一箱の大きさが決まっているので、スペースが決まれば、自動的に出店箱数も割り出せます。

店主は、ネットやチラシで募集します。応募時に屋号やどんな品揃えにするかなどを記入してもらい、出店場所が決まったらネット上にアップします。告知をする方が個性的な箱が集まりやすいし、お客さんも回るときの見当をつけやすいです。スリップのつくりかたなどの諸注意は「店主マニュアル」に記載して、店主に事前に読んでもらうようにすれば、トラブルを未然に防ぐことができるでしょう。

店主マニュアルや助っ人マニュアル、スリップの見本は、不忍ブックストリートの公式サイトにアップされていますので、過去ログを探してみてください。

一箱古本市は誰でも自由に開催できますが、どこの街で開催されたかを把握しておきたいので、事前に不忍ブックストリート実行委員会まで連絡ください。こちらもできるだけ告知に協力します。

第　二　部

日本全国「ブックイベント」ガイド

陽気な博多っ子たちの本の祭り——福岡

― 雨は野外イベントの大敵 ―

二〇〇八年十一月八日の朝、東京では大粒の雨が降っていた。「これは中止かな」と思いつつ、ぼくは羽田から福岡行きの飛行機に乗り込んだ。

今回の旅は、十一月一日から三十日まで福岡市で行なわれている本のイベント「BOOKUOKA」（ブックオカ）に参加するためのものだ。二〇〇六年の秋にはじまり、三年目を迎えている。今日開催する予定の「けやき通りの一箱古本市」は、その目玉とも云える企画である。

けやき通りは、市内中心部の天神から国体通りを西へ十五分ほど歩いた辺りにある、八百メートルほどの通りの愛称だ。道路の両側に百本ほどのけやき並木があり、ブティック、カフェ、ギャラリー、アンティークショップなどが並んでいる。オトナの街といった感じで、東京で云えば、表参道や代官山といったところだろうか。

一箱古本市は、この通りにある二十の店の軒先を借りて、九十五組の参加者（店主）が一箱ずつ古本を出品するものだ。銀行、ギャラリー、医院、美容室、コンビニ、カフェ、マンションなど、さまざまな店が「大家さん」になっている。各スポットに二〜八箱ぐらいが配置される。十五カ所で百箱という、やや詰め込み気味の配置になっている不忍ブックストリートの一箱古本市と比べると、じつにゆったりしていて、うらやましい。

うらやましいといえば、けやき通りの広さもそうだ。自転車と人がいき違えるぐらいの幅の広い歩道に加えて、店舗前のスペースも充分ある。これだと客が多い時間帯にも、通行人の邪魔にはなりにくい。

ついでに書いてしまうと、この日に打ち上げした店も、昨年の打ち上げ会場も、八十人もの参加者が立食できるスペースを持っていた。東京という街が、ナンに関しても、いかにせせこましいかを実感した。

ただ、ほとんどが屋根のない場所なので、雨が降ったらしのぐのは難しそう。野外でのイベントのいちばんの問題は、つねに天候だ。不忍ブックストリートの場合、二回目が途中からの大雨で中止し、その後は雨対策にナーバスになっている。けやき通りの場合、これまでは幸いにも晴天だったが、今回はどうなるのだろう？

福岡空港に着いて、まず窓の外を見ると、いまは雨が止《や》んでいるが、いつ降りはじめてもおかしくない感じだ。

しかし、実行委員に電話してみると、あっさり「大丈夫です、やりますよ」という答えが返ってきた。半信半疑で地下鉄に乗り、集合場所までやって来ると、すでにたくさんのヒトが集まっていた。三回目とあって、知っている顔も多い。その中に、藤村興晴《おきはる》さん（一九七四年生）もいた。

藤村さんは地元の出版社・石風社の編集者で、ブックオカでは広報を担当している。石風社といえば、パキスタンで医療活動を行なっている中村哲《てつ》医師の本を何冊も出している版元で、社長の福元満治《みつじ》さん（一九四八年生）は中村医師の活動を支援する「ペシャワール会」事務局長でもある。藤村さん自身も、もともとこの会のスタッフだった。この年八月には、アフガニスタンで農業支援の活動をしていた伊藤和也さんが武装グループに射殺されるという痛ましい事件が起きており、藤村さんは公私ともに大変な日々を送っていたはずだ。

しかし、そんな様子はみじんも窺《うかが》わせず、藤村さんは「今日は大丈夫っすよ、ぼく、晴れ男ですから」と楽天的に笑う。もっとも、これには多少の根拠もあった。古本市の店主でもある気象予報士の吉竹顕彰さん（一九五七年生）が、自分でデータを解析し、前夜に出た雨の予報が外れるはずだと教えてくれたという。

「前日の段階で藤村さんに、『あしたは雨ですね。九〇パーセントの確率で無理ですので、順延の覚悟を』という電話を入れました。私も順延のつもりで金曜は深酒して寝てしまいました。午前六時に二日酔い状態で、数値予報のデータを解析し、『こりゃ、予報ハズレるぞ』と確信。藤村さんに連絡しました。私は店主としての準備を何にもやってなかったので、あわててスリップに値段を書き込み、ぎりぎり集合時間に間に合いましたが、十一時の段階ですでに疲れ果てていました（笑）。それにしても、予定通り開催されて、本当によかったです」と吉竹さんは云う。

お抱えの気象予報士がいるというのは、野外イベント主催者にとってはじつに頼もしいハナシだ。

一　けやき通りの活性化をめざして　一

けやき通りに入ると、さまざまな場所で「BOOKUOKA」というロゴが見える。リーフレットやサイトでも同じロゴを使っているので、自然に目に入ってくる。このアイコンを街の至るところで目にすると、お祭り気分が高まってくる。

一箱古本市の開始は十一時だが、少しでも長くやりたいということで、急遽《きゅうきょ》三十分繰り上げてスタート。また、雨で地面が濡れている場合には、店主をほかの場所に移動させる。参加者の多いイベントでは、その場で変更することはリスクを伴うが、ブックオカではいつも状況を見てフレキシブルに対応している。スタッフが優秀なだけでなく、陽気で前向きなのだ。これが博多っ子の気質だろうか？

ぼくが箱を出すのは、新刊書店の〈ブックスキューブリック〉の前。オーナーの大井実さん（一九六一年生）は、ブックオカの実行委員長。福岡生まれで、東京のファッション関係の財団でイベンターとして働く。二十代の終わりにイタリアに行き、彫刻家の展覧会の手伝いをやっていた。帰国してからもイベントの仕事をやっていたが、本屋のような地道な仕事に惹かれるようになる。このとき、大井さんが「理想の本屋」と考えていたのが、鳥取市の〈定有堂書店〉だったというのが面白い。

じつは、安藤哲也さんが東京・千駄木に〈往来堂書店〉を開いたのは、「本の学校」シンポジウムで定有堂の奈良敏行さんのハナシを聞いたのがきっかけだった（174ページ参照）。奈良さんは「本屋の青空」をモットーに、講演会やミニコミ発行などを通じて、地域の人たちのコミュニケーションの場にしてきた。以前から、キューブリックと往来堂はどこか似ていると思っていたが、同じ店に影響を受けたのかと納得した。

ブックオカのリーフレット。CDのサイズ

大井さんは、二〇〇一年にけやき通りでこの店をオープンした。近くの天神では一九九〇年代後半に「天神書店戦争」と呼ばれる、大規模店の出店競争があり、現在でも〈丸善〉〈ジュンク堂書店〉〈紀伊國屋書店〉（二〇〇七年三月に閉店）〈福家書店〉などの大手書店がひしめいている。大井さんはそういった中で、人出のけた違いに少ないこの通りで、あえて十三坪という「狭小書店」というカタチを選んだ。

キューブリックも往来堂書店と同じく、取次からの配本に頼らず、店主の目とセンスで選んだ書籍と雑誌を並べる。本屋らしからぬ外観もステキだ。店名は当然、映画『２００１年宇宙の旅』の監督名から。「２００１年から本の旅を始めるという意味を込めたかった」と大井さんは云う。いまではキューブリックのファンは、地元だけでなく全国にも広がっている。二〇〇八年十月には、ＪＲ箱崎駅前に二号店（二十坪）もできている。

「けやき通りには、以前から小さな店やオフィスなど、いわば〈独立系〉の店が多いんです。でも、バブルがはじけたあとぐらいから、ほかのエリアに客を取られるようになっていた。そこで、それらの店のオーナーたちと、この通りを活性化させる方法を模索していたんです」と大井さんは云う。

一　本と触れ合う一日　一

ぼくの箱の隣には、仙台「Ｂｏｏｋ！　Ｂｏｏｋ！　Ｓｅｎｄａｉ」代表の武田こうじさんがいる（120～121ページ参照）。ほかの街での一箱古本市の雰囲気を知りたいと、店主として参加しにやって来たのだ。仙台で出会ったヒトと博多で再会するなんて。

〈ブックスキューブリック〉前。本を見ながら店主と客がおしゃべりをする

その隣で箱を広げているのは、「猫屋」という屋号の母子二人。お母さんは地元の取次で働いている。一箱古本市には初回から参加。「最初の年は、通りがかりに見かけて来る方が多かったのですが、今年は、（一箱古本市を）楽しみにしていましたと云う方が増えましたね」。

古道具屋で買ったという大きなトランクに雑誌と文庫を並べ、安い値段で売りまくっていた。高校生の娘さんはPOPを書いたり、つり銭を渡したりしている。水木しげるが好きという面白い子で、ぼくが出していた戦前のマッチラベルや古い雑誌をお母さんに買ってもらっていた。こんな風に自分が出した本が予想もしなかったヒトに買われていくと、なんだか嬉しくなる。

午前中、ひっきりなしにお客さんが来てくれたが、昼過ぎに一段落したので、スタッフに店番を頼んで、ほかの箱を見て回る。アンダーグラウンドやサブカルチャーの本、カルト映画のビデオなどを所狭しと並べている「つ文庫R」、絵本や写真集など海外の珍しいビジュアルブック中心の「函猫」、インテリア、ガーデニング、ファッション、デザインの本を並べる「木金堂」など、今年も面白い箱が多く、気がついたらずいぶん買いこんでしまっていた。

先ほどの気象予報士・吉竹さんは「春夏秋冬」という屋号で、「旅・彷徨」「ご当地の関係作家や人物」「ジャズ」「日記」「昭和」「幻影」「猫」「読書」などのテーマごとに数冊ずつ、小説やエッセイを並べた。

「自分で売れそうだなと思った本がなかなか売れなかったり、そうでない本がすぐ売れたりと、難しいですね。本棚の隅にころがっていた私の娘の絵本『三匹のこぶた』を持ってきて、箱の隅にちょこんと置いてましたところ、五歳くらいの女の子がちょこんと座り、黙々と読み始めました。『おもしろい？』と聞いたら、『うん』という返事。『あげるよ』と云うと、『ほんと、ありがとう』と持っていきました。来年も子ども用プレゼント本を、持っていこうと思います」と吉竹さんは云う。

最後の一時間ほど、小雨がポツポツ降ってしまったのは残念だったが、四時には無事終了。そのあと、けやき通りのスリランカ料理店〈ヌワラエリヤ〉（店主の趣味で店中に本が並んでいる）に店主が集まり、表彰式が行なわれた。

ぼくが個人賞を差し上げたのは、「やまか古書店」。県内にある古書店だが、「いまでは実質ネット販売になっているので、大勢の人たちと触れ合いながらの対面販売を求めて第一回から参加しています」と店主は云う。ぼくはココで、地元の炭鉱画家・山本作兵衛の『筑豊炭坑絵巻』（葦書房）を、とても安い値段で手に入れることができた。

そのあとは立食パーティーとなり、店主・スタッフが今日あった面白いコト、大変だったコトを語り合う。一日中立ちっぱなしで疲れたのに、本のハナシになれば元気になるところが不思議だ。結局、そのあとの二次会、さらに三次会まで参加してしまった。この街に来ると、いつも最後まで付き合わされてしまうのだ。

今回の一箱古本市で売れた冊数は約五千冊、金額にして百万近くに達した。けやき通りの商店や住人の反応も非常によかったという。一箱古本市によって、通りの独立系のオーナーとの横のつながりができたことがきっかけで、二〇〇八年には「けやき通り活性化委員会

（仮称）」が結成され、交流会などの活動を始めているという。

―出版業界の枠を越えた集まり―

一箱古本市が終わっても、ブックオカはまだまだ続く。今年の企画は、実行委員会の主催が十五、共催が十九もある。たとえば、出版社「フォイル」代表の竹井正和のトークショー、長野陽一写真展、作家の西加奈子と山崎ナオコーラによるトーク＆朗読会、書店員百人が選ぶ「激オシ文庫フェア」、プロの編集者による出版よろず相談所、フリーペーパーの展覧会など。光文社古典新訳文庫の『カラマーゾフの兄弟』『罪と罰』が話題になっているロシア文学者の亀山郁夫の講演会もある。

また、お父さんが子どもに絵本を読む「読み聞かせオヤジバトル」、十五店のカフェが絵本をモチーフにしたオリジナルのスイーツや料理を出す「カフェで再現！　ブックレシピ」のように、本のイメージを拡大するような変わった企画もブックオカの特色だ。

「読み聞かせオヤジバトル」は、読み手がお父さんというところがミソで、音楽を使ったり着ぐるみを着たりとあの手この手で絵本を読み、拍手の多い方が勝つというもの。一方、地

パパが熱弁を振るう「読み聞かせオヤジバトル」

元FMのアナウンサーが官能小説を朗読するという「オトナの朗読会」(夜十時開始)も以前行なわれており、なぜか会場は女性客で満員だったとか(今年はなくて残念)。

この同時並行を可能にしたのが、ブックオカのスタッフ構成だ。出版社、新刊書店、編集プロダクション、広告代理店、古書店、雑誌社、デザイン事務所、印刷会社といった業種からスタッフが集まり、それぞれの職能や経験を生かして、仕事を分担した。さらに、大学生など三十人以上がボランティアとして参加している。

大勢のスタッフを中心となってまとめたのが、石風社の藤村さんだ。藤村さんは尼崎市生まれ、九州大学在学中にペシャワール会のスタッフとなった。そこで、同会の広報担当だった福元満治さんと出会い、その後、福元さんの経営する石風社で働くようになった。

二〇〇一年に、福岡の出版社七社（現在は十二社）が合同で、『はかた版元新聞』というフリーペーパーを創刊。藤村さんが編集を担当した。

「このフリペの編集実務をやる中で、福岡の出版社や書店をとりまく現状を少しは判ってきました。ある号の座談会で、ナショナルチェーン書店の某氏が『福岡には本の街がない』と発言したことが、ずっとひっかかっていました。また、仲の良い取次の人からも『本のフェスティバルみたいなのをやってよ』と云われたことがあったのですが、そのときは、そんなのは身の丈ではないと思っていました」と藤村さんは云う。

直接のきっかけは、二〇〇六年五月に出した第十四号で、「福岡リトルプレス紀行」という特集を組んだときに、『ふるほにすと』主宰者の生野朋子さん（一九七八年生）と出会ったことだった。

『ふるほにすと』は、福岡のオンライン古書店が共同で発行しているフリーペーパー。本についてのコラムと古書目録という内容で、オールカラーでＤＴＰ制作されている。驚くのは、なんと、帯としおり紐が付いていることだ。じっさいは、紙を折り返して帯っぽくしているのだが、発行者によるとこの折込みもしおり紐の糊付けもすべて手作業で、二千部もつくるのだという。

生野さんは当時、デザイン事務所で働きながら、相棒の酒井理恵子さん（一九七三年生）と「ｙｏｊｏｈａｎ」という本づくりユニットを組み、不思議な発想のおかしなカタチをした本を次々につくっていた（その成果は『プチブックレシピ　リトルプレスの作り方』毎日コミュニケーションズ、二〇〇七、を見られたし）。この「ｙｏｊｏｈａｎ」の古本販売部門が「ｙｏｊｏｈｏｎ」で、「ｙｏｊｏｈｏｎ」が参加しているのが「ふるほにすと」というグループなのだ（ああ、ややこしい）。生野さんと酒井さんはいまでは独立して、「ｆｏｏｋ」というデザイン・編集事務所を運営している。ブックオカのリーフレットやサイトから、さまざまな掲示物までを、このチームで担当している。

二〇〇五年十二月に、生野さんたちはけやき通りからほど近い薬院《やくいん》で、「ふるほにすとの古書室」という古本イベントを開催した。生野さんは取材で会った藤村さんに、「もういちど古本イベントがやりたい」と話した。藤村さんも、これまで築いてきた地元の出版社のネットワークを活かしたいという思いがあった。

藤村さんは、生野さんと大井さんを引き合わせた。大井さんは次第に活気がなくなっている「けやき通り」をもう一度盛り上げたいと考えていた。この三人が出会うことによって、福岡の街全体でブックイベントを展開するという発想が生まれたのである。

その後、この趣旨に賛同して、出版社、新刊書店、編集プロダクション、広告代理店、古書店など、本に関する仕事をしているさまざまな博多人が集まり、ブックオカの実行委員となった。現在の実行委員は十三人だ。その動きを知ったタウン誌やラジオ、テレビも、告知に協力してくれている。

「福岡という街は小さいから、まとまりやすいんです」と藤村さんは笑うが、各自が自分の場所でコツコツと築いてきた人間関係が一気につながり、ネットワークとして機能したのだろう。そこにはもちろん、「本に関する面白いイベントをやりたい」という共通した思いがあった。

さまざまな立場のヒトたちが関わることで、「出版業界」っぽくない雰囲気が出せたのもよかったと、藤村さんは語る。たしかに、書店組合や出版社が主催するイベントの多くは、業界の内部にしか目線が向かっていない。それに対して、ブックオカでは、一般読者（あるいは客）がスタッフに加わることで、主催者と参加者の距離が近くなっている。そこからは「業界」からは決して出てこない、新鮮な発想が生まれている。

とくに、生野さんは一人で三十もの企画を出して、スタッフの度肝を抜いた。なかにはかなり奇抜なアイデアもあるが、実現したものも多い。ちなみに、「ブック」＋「フクオカ」で、「BOOKUOKA」（ブックオカ）というオヤジくさいネーミングも、彼女の発案だ。

また、ボランティアの大学生や社会人には、漠然と「本に関する仕事や活動がしたい」と思いながらもその糸口がつかめなかったが、ブックオカに関わって自分でも何かやってみようと思うようになった、というヒトが多くいた。

―本好きの裾野を広げる―

ブックオカの規模は毎年拡大している。企画の数は毎年増えているし、トーハン、日販、天神FM、西日本新聞社などの後援・協力も得ている。販促物として、二〇〇七年はリリー・フランキーの絵を使ったブックカバーを五十万枚、二〇〇八年は絵本作家の荒井良二の絵で三十万枚製作した。これらは福岡県を中心に、書店で配布された。

また、従来のリーフレットに替えて、二〇〇八年は西日本新聞の別刷り（タブロイド判・十二ページ）としてブックオカ特集が発行された。半分は読書週間に合わせて、文庫の豆知識や福岡の書店員オススメの文庫本を掲載する文庫本特集や、地元の「本のプロ」を紹介す

西日本新聞のブックオカ広告特集（2008年10月28日）

る読み物。そして、もう半分でブックオカの企画を紹介するという構成。各ページには、出版社、印刷会社などの広告が掲載されている。これは新聞社側から持ちかけられた企画で、「広報ができ、印刷費がかからず、お金をもらえる、という一石三鳥」（藤村さん）だったが、時間がないため大変だったという。

　このように、ブックオカはいまでは福岡県のみならず、全国的に知られるようになっている。「うちの街でもブックオカみたいなイベントをやりたい」という声は多い。一箱古本市の発案者としては、「不忍ブックストリートみたいな」と云ってもらえないのは寂しいのだが……。もっとも、あくまで東京の一地域で開催し、自治体や団体からの協力も得ていない不忍ブックストリートと、各業種の本好きが参加して、福岡市全体を本で盛り上げようとしているブックオカでは、後者を真似したくなるのは当然かもしれない。

福岡県・熊本県下の54店舗で開催された文庫フェア

一九八四年から福家書店に勤め、現在はブックスキューブリックで働いている高倉美恵さん（一九六五年生）は、ブックオカ以前から、会社の枠を越えて書店員の輪を広げる活動（という名の宴会）を行なってきた。その一方で、西日本新聞で出版や書店の新しい動きを伝えるコラムを連載している（『書店員タカクラの、本と本屋の日々。…ときどき育児』書肆侃侃房《かんかんぼう》、二〇〇六、に収録）。ぼくも十年前に、彼女から「あなたの出したミニコミを置きたい」と連絡をもらったことがある。ブックオカでは真っ先に酔っぱらうムードメーカーである（後で出てくるが、「Ｂｏｏｋ！　Ｂｏｏｋ！　Ｓｅｎｄａｉ」の前野久美子さんといい、「わめぞ」の武藤良子さんといい、各グループにかならず一人、酔っ払いの女性が配置されているのはなぜだろう?）。

「ブックオカをやってよかったのは、やはり人との出会いがあったことでしょうか。書店員は、自分の周囲からはみ出て、ほかの世界の人と知り合う機会があまりないのです。地方ではとくにそうです。ブックオカではさまざまな仕事や立場の人たちと話をすることができ、彼らから大きな刺激を受けました。また、一箱古本市では、いつもは書店に来るお客さまである人が、店主として参加してくれるので、直接話のできるいい機会になりました。書店員はＰＯＰひとつ書く時間もあまりとれなかったりと、厳しい状況に置かれているんですが、本来の書店はもっと面白いし、楽しいことを実現できる場であるはずです。だから、ブックオカに関わってくれた書店員が、書店の仕事って面白いんだと再認識してくれることがとても嬉しいですね」と高倉さんは云う。

実行委員の大井さんは、ブックオカは「本好きの裾野を広げるためのお祭り」だと云う。

「出版業界は、出版点数が増えているのに売り上げは下がり続け、本屋の数も減っていくという悪循環に陥っています。この要因はさまざまありますが、新聞や雑誌などの書評や広告に頼る、従来の本好きをターゲットにしたプロモーションからあまり進化していないのも一因でしょう。いまや、本のライバルは、ネットでありゲームであり携帯です。それらの新しいメディアにお客さんを奪われているという状況です。そういった現実を重く受け止め、お金がかけられないなら、あの手この手で話題を提供して、本好き＝ファンをつくっていかなければならないと思います。ブックオカをはじめてから、本を媒介にした交流がさまざまなところで起こっていて、希望を感じています」

ここまで拡大してきたブックオカだが、藤村さんは「少ないメンバーで動かしているので、あまり大がかりになると、広報や広告のことが心配です。夜中に悪夢にうなされ、飛び起きたこともしばしばでした。かといって、代理店任せや行政だのみにしたくないので、これまでの趣旨を変質させずに継続していきたいと思っています」と云う。

第四回となる二〇〇九年のブックオカは、十月十八日からの一カ月開催。漫画家の西原理恵子、文芸評論家の千野帽子らのトークショー、書店員が選ぶ文庫フェアなどを主催するほか、講演会、映画上映、展覧会などの共催イベントがいくつもある。企画の数は三十以上。もちろん、けやき通りの一箱古本市も行なわれる。

博多ではおなじみの秋の風物詩になったブックオカ。次回もこの街で、多くの本好きと会い、深夜まで酒を飲むことになるだろう。シメはやっぱり屋台のラーメンかな。

商店街に古本が溶け込んだ日――名古屋

―「BOOKMARK　NAGOYA」のイベント―

二〇〇九年三月二十一日、土曜日。この日と翌日の二日間、名古屋市西区の円頓寺《えんどうじ》商店街で、名古屋初の「一箱古本市」が行なわれた。

主催するのは、「BOOKMARK　NAGOYA」実行委員会（以下、「ブックマーク」）。名古屋やその近辺の書店、古書店、雑貨屋、カフェなどを舞台に、本にまつわるさまざまなイベントを開催する。

二回目となる今年は、三月七日から二十九日まで。オープニングは「本屋プロレス」。大型ショッピングストア内の書店〈ザ・リブレット千種店《ちくさ》〉の店内で、プロレスラーが対戦し、二百人を超える観客を集めた。このシュールな企画を皮切りに、作家や編集者による週替わりのトーク、いろんな人の本棚を写した写真展、それにサイン会、ワークショップ、ライブなど、八十ものイベントが並んでいる。

じつは、「ブックマーク」主催の古本市は、昨年二月の第一回でも行なわれている。新刊書店〈リブロ〉名古屋店での「名古屋大古本市」だ。店内のフェアスペースに、地元や県外から約二十組が参加し、古本を販売した。

「新刊書店は、工夫を凝らしてはいても、〈いま〉を売っているという水平的な思考からは免れないような気がします。古本市を行なうことによって、書店の店頭で買える本の時間軸がぐんと広がり、店に奥行きが出るように感じました。それと、敷居が高くてふだん古本屋に足を運ばない人も、新刊書店で置いている古本だと、気軽に手を伸ばしてくれるようです」と、店長（当時）の辻山良雄さん（一九七二年生）は云う。

辻山さんは大学卒業後、リブロに入社。東京、福岡、広島を経て、二〇〇六年六月に名古屋店の店長となった。広島店の店長時代に、オンライン古書店〈海月《くらげ》書林〉の選んだ古本を並べるフェアを開催したことがあった。

── 名古屋の新しい店を「線」でつなぐ ──

ブックマークは、辻山さんとアルバイトの岩上杏子さん（一九八一年生）が、「名古屋でもBOOKUOKA（ブックオカ）みたいなイベントがやりたい」と話し合ったことから生まれた。

岩上さんは、相棒の黒田義隆さん（一九八二年生）と、二〇〇四年から無形態本屋〈K＊BOOKS〉の活動を開始、カフェやクラブのイベントで古本を販売したり、カフェや家具屋、アパレル店などに古本を置いたりしていた。その活動を知った中区錦のギャラリー〈YEBISU　ART　LABO〉のオーナーから、事務所として使用していたスペースで本屋をやってみないかと声を掛けられ、二〇〇六年九月に〈YEBISU　ART　LABO　FOR　BOOKS〉（以下、〈YEBISU〉）として開店した。

店のある長者町は、かつての繊維問屋街で近年は寂れていた。その町を活性化させるために地元の有志が共同で出資し、空きビルを借りてカフェやインテリアショップなどのテナントを入居させた。YEBISUの入っているビルも、その一つだ。たった六坪の小さなスペースだが、新刊の洋書、和書、古本の洋書、和書、紙モノの雑貨などが、天井までの高さを使って並べられている。なかでも、同人誌、ミニコミ、リトルプレス、ｚｉｎｅなどさまざまな名前で呼ばれる、少部数限定の国内外のインディペンデント（独立系）出版物を重点的に集めている。また、展覧会やライブのフライヤー（チラシ）、フリーペーパーのコーナーもあり、情報集積基地としての役割も果たしている。岩上さんはこの店を運営しつつ、リブロでも働いているのだ。

「ＹＥＢＩＳＵがオープンしたのと同じころ、名古屋のあちこちに個人経営の古本屋がオープンしていましたが、名古屋の情報誌などのメディアが取り上げることがなく、もったいないと思っていました。

また、その数年前から新刊書店で働いていたことで、外側からは見えなかった書店それぞれの特徴や個性が見えたことや、せっかく充実したフェアを行なっていてもその情報がお客さんの元へ届くしくみがあまりないことも感じていました。それで、リブロの店内で複数の特色のある書店が選んだ本を置くことで、大きな動きにつながっていけばいいと考えたのです」と岩上さんは云う。

そこに加わったのが、フリーマガジン『ＳＣＨＯＰ』（スコップ）の上原敏さん（一九六九年生）だ。二〇〇五年創刊の同誌のキャッチフレーズは「あなたの知らないナゴヤを掘り起こす」。毎回、「酒」「裏方」「マンガ」「農業」などのワンテーマを軸に、名古屋のユニークな人や場所、新しい動きを紹介してきた。上原さんは昼間は会社員として働きながら、奥さんの亜希子さん（一九七一年生）とともに『ＳＣＨＯＰ』の企画編集から広告営業までをこなしている。

「二〇〇七年に出した写真特集号で、リブロやＹＥＢＩＳＵ、〈ＮＡＤｉｆｆ〉愛知店、〈ワンオンワンブックス〉など写真集を扱う書店に取材しました。そのとき、辻山さんや岩上さんと、こういう切り口で名古屋の書店ガイドがつくれたらいいね、と盛り上がったんです」と上原さん。

街ネタを載せている『ＳＣＨＯＰ』は、名古屋の店とのつながりが深い。上原さんが、〈ｃｅｓｔａ〉（チェスタ）の山守弘城さん（一九六八年生）と、古本屋〈シマウマ書房〉の鈴木創さん（一九七三年生）に声をかけた。前者は覚王山《かくおうざん》にあるチェコの本を中心としたブックカフェで二〇〇五年オープン、後者は本山《もとやま》にある古本屋で二〇〇六年オープン。どちらの店も、展覧会やトークなどのイベントを積極的に行なってきた。

「ぼくは横浜出身ですが、他所《よそ》から来た人間の感覚としては、名古屋には、決まった目的地にまっすぐ移動することはあっても、寄り道をするという文化がないように感じていました。名古屋にはせっかくいい店があるのに、どうしてもPRや集客に苦戦を強いられるという状況があり、そうした店についての情報をいままでとは別のかたちで外に向けて届けるしくみが必要だと以前から思っていました。それで、初回のミーティングに顔を出したときに、いろいろ口出ししてしまったが最後、ずるずると実行委員会に引きずり込まれてしまいました」と鈴木さんは笑う。

ブックマークナゴヤのリーフレット（2009年）

次第に賛同する人が増えた結果、岩上さんと黒田さんを実行委員長として、ブックマークが結成された。二〇〇八年二月九日から三月二日まで開催された第一回には、新刊書店、古書店、カフェなど三十九店が参加した。

無料配布のリーフレットは三十二ページもあって、左から開くとブックマークのガイドブックで、イベントやお店の地図が掲載されており、右から開くと『SCHOP』の書店特集で、店主のインタビューが載っているというユニークな構成。期間中に参加店を回ってスタンプを押すと、その個数に応じてしおりなどのプレゼントがもらえるというしくみ。

このリーフレットを眺めていると、名古屋でこの二、三年に開業した店が多く、しかも、ギャラリーと古本、カフェと古本など複合的な店が多いことが判る。また、従来の古本屋は鶴舞《つるまい》から上前津《かみまえづ》のあたりに集中していたが、この種の店は、栄《さかえ》から千種、本山と広い範囲に点在している。ブックマークは、それら新しいタイプの店を線としてつなごうとしたのだ。

二　名古屋最古の商店街で　二

第一回の中心企画のひとつが、リブロでの「名古屋大古本市」だ。名古屋の古本屋やセレクトショップに加え、東京・渋谷の〈フライングブックス〉、仙台の〈火星の庭〉、イラストレーターの浅生ハルミンさんら、二十の店や個人が選んだ古本を、店内の一角にズラッと並べた。売り上げはかなりよかったし、期間中の人出も多かった。

しかし、書店に販売を委託するかたちだと、店主の顔が見えにくい。また、街と連動したイベントにしたいという声もあり、第二回は街の中での「一箱古本市」の開催を決めた。これとは別にリブロでの古本市も行なったのは、「一箱古本市の店主が地元からの一般の本好きが多いのに対して、リブロではプロや本の目利きに出てもらっています。その意味では、うまく二つの古本市の棲み分けができたと思います」と辻山さんは云う。

さて、名古屋初の「一箱古本市」の会場となった円頓寺商店街は、名古屋駅から歩いて十五分ほどのところにある。商店街の中には、一六五四年（承応三）に建立された長久山円頓寺がある。商店街の名は「えんどうじ」だが、寺は「えんどんじ」と読む。明治時代にこの円頓寺のご開帳から、周辺に店が集まるようになったのが、商店街の起源だという。名古屋で現存する最古の商店街と云われている。

現在では三つの商店街があり、今回はそのうちアーケードのある円頓寺商店街と円頓寺本町商店街で開催された。江川線の広い道路を挟んで、約五百メートルの長さだ。アーケードができたのは一九六四年（昭和三十九）。この時期には商店街で七夕まつりが始まり、アーケードから吊り下げる飾りが評判になったという。

『名古屋タイムズ』一九五三年一月二十八日掲載の「円頓寺新地図」という記事には、「この町の魅力はその庶民性にある。いうなれば割烹着をつけたオカミさんの町である。町全体がゴタゴタと活気があって市場のよう」だというリードが付けられている。こんな一文が、この商店街の雰囲気を伝えている。

御本房へ入る路地にゴチャゴチャとノミ屋や古着屋が並んでいる。マーケットの名残りだ。はね海老は放送局人種の昼飯をとりにくるところ、親父はタンシチューというのをタングシチューと正しく呼ぶのを自慢にしている。御本房の裏に円頓寺劇場がある。行きづまりでまことに劇場にとっては具合が悪い。

〈はね海老〉という洋食屋はいまでもあり、海老フライがウマかった。〈円頓寺劇場〉というのは映画館で、のちに成人映画専門となった。併設の「ビデオ図書館」は館主の趣味で集めた映画のビデオを貸し出すもので、「日本最初のレンタルビデオ店だったんだ」と懐かしそうに話す地元の人がいた。数年前に解体されたようだ。

いまでも、アーケードができた当時の建物で営業している店がほとんどで、月並みな表現だが、時代の空気がそのまま真空パックされたような商店街だ。先の「円頓寺新地図」のイラストマップをいまの商店街と照らし合わせてみたら、三分の一の店が営業中か、廃業してもそのまま住んでいるので驚いた。ふたつの商店街を挟む道路（江川線）の幅が広くなったこと以外は、あまり違いが感じられないのだ。

そんな古い下町の雰囲気を色濃く残す円頓寺商店街だが、足を運ぶ人は年々少なくなっている。名古屋の人でもこの街の存在を知らない人は多く、今回の一箱古本市で初めて来たという名古屋人が何人もいた。同じく歴史を持つ商店街でも、中区の大須《おおす》商店街がそのレトロさを売りに、近年活況を取り戻しているのと対照的だ。

いつもは静かな商店街に古本市が出現

この状況を何とかしたいと、商店街の若手の三人が二〇〇五年秋にフリーマガジン『ポゥ』を創刊。この界隈を着物で歩いたり、和の文化を体験する「名古屋下町散歩日和」など、街を知ってもらうための活動を行なっている。また、商店街では、毎月第一日曜に「ごえん市」があり、フリーマーケットが開かれたり大道芸をやったりしている。

一方、ブックマーク実行委員会では、一箱古本市の候補地として何カ所かを挙げたが、円頓寺商店街が活性化に力を入れていることに加え、「長距離のアーケードがついている商店街であること」「近くに江戸時代の蔵が残る『四間道《しけみち》』という町並みや堀川があり、散策に向いていること」「名古屋駅から徒歩圏内であること」などの理由から、ココを第一候補に決めた。

こうして、多くの店主が参加できて、雨のしのげる場所を、というブックマーク側の要望と、もっとこの街を活性化させたいという商店街側の要望が合致するかたちで、円頓寺での一箱古本市が実現したわけだ。

― 上々だった商店街の反応 ―

当日は、空き店舗の前に一箱古本市の店主が二箱、三箱というように並んだ。そのあいだには、多くの店がいつも通り営業しており、日常の風景に古本市が溶け込んでいた。

出店者は一日目が九十四箱、二日目が八十四箱。そのうち五十三箱が二日間出店した。職業も年齢層もさまざまな人たちが、思い思いに趣向を凝らした品揃えや売り方で参加した。

たとえば、「カキサン文庫」の河崎英司さん（一九七一年生）は会社員で、新聞で一箱古本市のコトを知って応募した。当初は伝統工芸や伝統芸能などの日本的なものと映画を中心としたサブカル的なものを中心に、自分の趣味を前面に押し出した品揃えを考えていたが、ネットでほかの地域での一箱古本市について調べるうちに、今回のイベントの場所や客層を考えて、女性が好みそうな本や買いやすい文庫を追加、値段も五百円以下を中心とした。その狙いが当たり、二日間で二百冊ちかくを売った。

「お客さんがどんな本に興味があって、どのくらいの値段で買われるかが判り、古本屋の店主気分を味わえました。ただ、他の店主さんが個性的でポリシーのある品揃えや店づくりをされていたので、売り上げだけが問題じゃないとも感じます。ですから次には、今回の経験を踏まえて、次回は自分の中でコレというテーマを持った一箱をつくりたいと思っています」と河崎さんは云う。

一方、華やかに彩られた箱は、東京からやってきた「あいうの本棚」。三人の古本好きの女性が集まって、装丁がキレイだったり、女性が好む作家の本を中心に、各自がさまざまな本を持ち寄る。それらが「輝き」を発するように、ディスプレイには工夫を凝らしている。

マッチ箱をいくつかセットにして販売したり、古いヨーロッパの観光案内パンフ、ミニフォトカードセットなどの「紙モノ」も並んでいる。お客さんに名前を覚えてもらえるように、ショップカードまでつくっている。不忍ブックストリートの一箱古本市や「鬼子母神通りみちくさ市」などのイベントにも精力的に参加している「移動型古本ユニット」で、すでにファンも多い。

また、この直前にオンライン古書店を開業したばかりという「徒然舎」の廣瀬由布さん（一九七五年生）は、夫と二人で参加。「ごちそう（食）」と「旅」に関する本を並べ、三百円均一のコーナーも設けた。結果は二日間で約百五十冊、金額は五万四千円とよく売れ、二日間総合で第一位となった。このご褒美として、「徒然舎」はリブロの店内で一カ月間古本を販売している。

一箱古本市の楽しさを、廣瀬さんはこう語る。

「『ずいぶん昔に見た本なんだけど最近じゃもう見かけなくてね、買えて良かったよ』とおっしゃる杖をついた高齢の男性、『食べものと旅の本、どっちも好きですよ』と云ってくださった女性、『最近のブックオフじゃもう見かけない本が揃っていて面白かったよ』と云ってくれた知人など、普段はインターネットを通じてしかやりとりのないお客様の顔を見ながら本を手渡しできることの楽しさを感じました。

それと、名古屋を含む中部圏には、本にはあまりお金や時間をかけない人が多いというイメージがあったのですが、決してそうではなく、本を求める人はこんなにたくさんいるということが判りました。だから、『見栄や生活のためにしかお金を使わない』などと云われ慣れている中部圏のわたしたちですが、ちょっと名誉が回復された気持ちです（笑）」

今回の一箱古本市全体の売り上げは、二日間で四千五百九十一冊、百十万円。これだけ多くの本が、店主からお客さんへと手渡されたのだ。合間には、ミニライブや大道芸も行なわれた。商店街の人出も多く、店舗の売り上げも上々だったという。

「ふだんでは考えられないほど多く人が集まってくれるとともに、メインの通りだけではなく、すこし入った路地のお店にまでも足を運んでくれるお客さんがいました。『次は私も店を出したい』という店舗の方もいらっしゃいました」と、

岐阜から参加した「徒然舎」さんは、積極的にお客さんに話しかける

岩上さんは商店街の反応を語る。

今回の成功を受け、二〇一〇年もこの円頓寺商店街で一箱古本市を、と実行委員会は考えている。

―「新しい一歩」をどう踏み出すか―

一箱古本市以外のブックマークのイベントも、それぞれ好評で、トークやライブなどは満員になったものも多かった。

シマウマ書房では「ブック〃トーク〃ナゴヤ」と題して、名古屋在住の作家・吉川トリコと文芸評論家・清水良典、マガジンハウスの営業マンと丸善名古屋栄店の店員、名古屋市博物館の井上善博らによる週替わりのトークが行なわれた。ぼくも書物雑誌『ｓｕｍｕｓ』同人のトークに出演したが、狭い店内には四十人近くが詰め掛け、本好きならではの鋭い質問も飛び出した。

また、書籍制作やＣＤなどのデザインを行なう出版レーベルｍｉｌｌｅ　ｂｏｏｋｓ（ミルブックス）の仕事を雑貨店で、オンライン古書店「ＬＩＢＥＲＴＩＮＥ　ＢＯＯＫＳ」の出張販売が古着屋で、神戸・東京に店舗を持つ雑貨店〈CEDOK〉がチェコの絵本展を雑貨店〈le petit marche〉で、という具合に、「店舗内店舗」的なイベントがいくつもあり、組み合わせの妙が感じられて面白かった。

そのほか、図書館を舞台にした演劇の上演や、仕掛け絵本の展示、名古屋の歴史についての本のパネル展など、ブックマークの『本』をキーワードとして街で遊ぶ」というモットーにふさわしい企画が多くなってきた。考えてみれば、名古屋は、「遊べる本屋」と銘打ち、本とグッズを同じ場所に並べる複合型書店チェーン〈ヴィレッジヴァンガード〉の発祥の地なのである（一九八六年に天白区に一号店オープン）。

東山公園の雑貨店〈le petit marche〉ではチェコの絵本展を開催

参加店舗も五十一に増えた。前回を見て「うちでも何かやりたい」と参加を申し出る店があった。リーフレットも前回の倍近い部数印刷し、見にくいと不評だった地図もすっきりとして使いやすくなった。また、新聞やテレビなどの取材も増え、認知度が格段に上がった。

ただし、どのイベントも最初から順調だったわけではない。一箱古本市は、締切日の段階で三十箱程度しか応募がなく、募集期間を延長した。それが、中日新聞に記事が載ったことで、名古屋市周辺の春日井、常滑、岡崎、あるいは三重や岐阜など広い範囲から応募が相次いで、一気に百箱を突破したのだという。

「本のイベントに興味を持つ層は、名古屋市内だけに多いわけではなく、周辺の都市にもいます。でも、それらの街では名古屋に比べて新刊書店も古本屋も少ないです。そのことに飽き足らない、少数のコアな本好きがブックマークをめざしてやってきてくれた、という気がします」と、シマウマ書房の鈴木さんは云う。

その一方で、ブックマークに参加する店を回るスタンプラリーは、二〇〇八年に比べて低調だったという。「参加店が多くなった分、それぞれの店舗の集客が少なくなったのではないか」という意見もあり、点在する市内の店をどうつないでいくかがこれからの課題、と鈴木さんは語る。また、ｃｅｓｔａの山守さんは、「参加店によって、このイベントに対する意識の違いがかなりありました。今後は規模拡大よりも内容の充実をはかりつつ、参加店みんなでブックマークをつくりあげていきたいです」と云う。

　ブックマークの成功を評価した上で、「もっと先に行ってほしい」と云うのは、市内の本好きが集まる新刊書店〈ちくさ正文館〉の店長・古田一晴さん（一九五二年生）だ。同店は一九六一年開店。人文書からサブカル本、コミックまで、幅広く揃える「町の本屋」という基本を守りつつ、メジャー・マイナーにかかわらず置くべきものを置くという姿勢が、多くの本好きの足をこの店に向かわせている。自身でも、さまざまなミュージシャンのライブ映像をつくる活動を行なっている古田さんは、世代の若い実行委員たちをこうアジる。

「ブックマークの活動は、これまで新刊書店や古本屋が個々にやってきた活動をうまく組み合わせ、新しい形で見せたところに特徴があると思う。ただ、若い人にはそれが新鮮だと思うけれど、僕なんかの世代から見ると、いちど通過したものという気がする。普通の発想ばかりで、変化球がないんだよ。もっとこの時代でなければ出てこないもの、まだ誰も手を付けていないものをやってほしいね」

　それとともに、古田さんはブックマークを年一回のイベントにとどめず、参加店の店頭でいつも何かが行なわれている「日常のシーン」にしてほしいと要望する。

　古田さんの指摘は、ブックマークだけでなく、ほかの地域のブックイベントにも共通して当てはまるコトだ。「本屋さんごっこ」の楽しさを味わいつつ、そこから「先」に行けるのかどうか。新しい一歩を踏み出す方向が、イベントを継続していく過程で見つかればいいと思う。

二〇〇九年九月、リブロの辻山さんは東京・池袋本店に転勤となった。

「新刊書店で働いていると、どうしても売り上げや効率という尺度で店を捉えられることが多いと感じるのですが、ブックマークではささやかですが、これまでとは違う尺度・考え方を提起することができたと感じています。こういう場所をつくることができて、本当に面白かったです。今後も、関わる人たちがそのお店のキャラクターに合わせて、自由に動いてくれればいいと思います。私は名古屋を離れましたが、あとのことは、ほかの実行委員や市内の新刊書店の人たちに頼んできました。後任の店長もこの種のイベントが好きな人ですし、心配はしていません」と辻山さんは云う。

人が変わっても、「BOOKMARK　NAGOYA」というバトンは、確実に受け渡されていくのだ。名古屋では早くも、二〇一〇年二月からの開催に向けて、さまざまなプランが動きだしている。

杜の都を本で彩る――仙台

三つのブックカフェを舞台に

十月の終わりの仙台は、昼間でもけっこう肌寒かった。

「昨日から急に寒くなったんです。地元の人も寒がってますよ」と佐藤純子さん（一九七八年生）は笑う。

ぼくがこの街にやってきたのは、「杜の都を本の都にする会」（以下、「する会」）が主催する「Book! Book! Sendai」の古本市を見るためだ。佐藤さんはこのイベントの運営スタッフだが、本業は〈ジュンク堂書店〉仙台ロフト店の店員。つまり、ジュンクのジュンコちゃんだ。同店には、伊坂幸太郎、瀬名秀明、熊谷達也ら仙台にゆかりのある作家・評論家が選んだ本を並べるコーナーがあり、彼女はその担当でもある。今日は休みだというので、街を案内してもらうことになった。

この古本市は、仙台市内にある〈ｂｏｏｋ ｃａｆｅ火星の庭〉、〈書本＆cafe magellan〉（マゼラン）、〈stock gallery & atelier〉（ストック）という三つの店の中に、地元の本好きが持ち寄った本を展示し、販売するというもので、二〇〇八年十月二十五日から十一月三日までの十日間開催されている。

ジュンコちゃんと待ち合わせしたのは、定禅寺《じょうぜんじ》通りにある火星の庭。二〇〇〇年に開業したブックカフェで、半分が古本、半分がカフェスペースになっている。

店主の前野久美子さん（一九六九年生）は、福島県郡山市出身。彼女がこの店を開くまでの経緯は、岡崎武志『女子の古本屋』（筑摩書房、二〇〇八）に詳しい。同書によれば、太宰治にあこがれて、当時旅館だった太宰の生家〈斜陽館〉に住み込み、その後、調理師、ホステス、出版社勤務、書店員などの職を転々とした。インディーズ特撮作家でもある御主人の前野健一さん（一九六六年生）と出会い、火星の庭をオープン。「何事も中途半端なのはイヤ」な性格なので、古本は古書組合に加盟して各地の市場まで仕入れに出かけ、カフェのメニューも自分で考える。それ以外にも、十七坪ほどのスペースをフルに生かして、ライブ、展覧会、トークイベント、講座などを精力的に開催してきた。また、生来の好奇心から、店の外

〈火星の庭〉の店内。左が前野さん

に飛び出していろんな人たちと夜を徹して飲むことも多く、娘のめぐたんはすっかり宵っ張りになってしまった。仙台の肝っ玉母さんだ。

　古本市は入ってすぐのところで行なわれている。棚やテーブルをいくつかに仕切り、出品者がつけた屋号が掲示されている。「マトリョーシカ姉妹の本棚」「ムンクのバックル（寺田農の）」「鬼やんま」「サイン・コサイン」……など、不思議な名前が多い。「これくとしゅー」さんの棚には画集や詩集、古本屋の著書など「大事に読んできたんだな」と思える本が並び、その横に古い絵葉書が並べてあった。屋号は蒐集《しゅうしゅう》対象である地下鉄にちなんでおり、看板やスリップ（値札）にも地下鉄のマークを使うほどの凝りかただった。あとで判ったことだが、ぼくは出品者のNさんから十年ほど前に絵葉書やマッチラベルなどの「紙モノ」についてお手紙を頂いたことがあったそうで、「時間や場所を超えての再会に驚いた。

他の出品者の棚も、テーマを設定したり、本に加えて蔵書票・豆本・ポストカードなどを置くなど、それぞれに工夫がなされていた。

今回の古本市は、二〇〇六年七月にこの店で開かれた「一箱古本市」がひとつのきっかけとなっている。二〇〇五年春に東京の「不忍ブックストリート」ではじまった一箱古本市のことを知った前野さんが「仙台でもやりたい」と考え、店内に五十箱置いて二日間開催した。ぼくも参加したが、店内にはびっしりと箱が置かれ、その隙間を縫うように、多くのお客さんが本を物色していた。足の踏み場もないほど、本が並ぶ光景は壮観だった。あのとき参加して楽しかったから今回の古本市にも参加した、という人は多い。

また、仙台在住者以外に、ミュージシャンの友部正人さん（屋号「マルト」）や写真評論家の飯沢耕太郎さん（「三月兎社」）も出品しているが、彼らも火星の庭でライブをしたり客として訪れたりという縁がある。飯沢さんは仙台の出身であり、今回の古本市には三店ぜんぶに自分の蔵書を提供している。専門である写真集を中心に、図録や関わった同人誌など希少な本が多かった。

〈マゼラン〉の店内と高熊さん

── この街の閉塞感をなんとかしたい ──

次に向かったのは、晩翠《ばんすい》通りにあるマゼラン。火星の庭よりは一回り小さな店だが、ココもブックカフェだ。

店主の高熊洋平さん（一九七七年生）は宮城県図書館の司書だったが、古本屋をやりたいと思い立ち、五年間のアルバイト生活をしながら本を集めた。火星の庭の一箱古本市にも参加しており、仙台が誇る前衛アーティスト・ダダカン（糸井貫二）関連の本だけで箱を構成して異彩を放っていた。そして、念願かなって、二〇〇七年七月にこの店を開いた。文学、芸術、思想、建築など幅広い品揃えだ。

ここでも棚のひとつを使って、古本市が行なわれている。じつは、ぼくも「古本けものみち」として出品している（あとで聞いたら、あまり売れてなかったようでガックリ）。眺めていたら、スーツ姿の男性が入ってきて、本の補充をしはじめた。古い絵葉書や郷土史の本を並べているので、シブい趣味だなあと思っていたら、スタッフの一人、佐藤正実さん（一九六四年生）だった。『風の時』というフリーペーパーを出しながら、仙台の写真集や地図の復刻版を刊行している。

「仙台には昔からの文化の積み重ねがあるし、多くの作家を輩出しています。また、いい書店もたくさんありました。しかし、いまの仙台にはどこか閉塞感があります。『する会』のことを聞いて、この街で本に関わる人たちが交流することで、新しい動きが出てくるのではと期待して参加しました」と佐藤さんは云う。

たしかに、仙台にはかつて多くの新刊書店が存在した。菊池雅人「70年代せんだい書店回顧録」（『仙台学』第六号、二〇〇八年七月）によれば、一九七〇〜八〇年代にかけて、駅周辺に大小さまざまな規模の個性豊かな書店が二十店近くあったという。それがいまでは、一九一〇（明治四十三）年開店という〈金港堂〉を除けば、ほとんどが閉店し、〈丸善〉〈ジュンク堂〉などのナショナルチェーンの大型店舗に取って代わられている。また、古書店も中心部に多くあったが、この数年で減る傾向にある。その「閉塞感」をなんとかしたい、という思いが佐藤さんにはあった。

一方で、火星の庭やマゼランのような新しいタイプの店もでき、そこに集まる若い人たちも増えている。彼らにとって、これらのブックカフェは、読書を楽しむだけではなく、本についての話ができる人と出会える場所にもなっている。そういったこの街の変化と、新しい動きに対する期待が、「する会」を生んだとも云えるだろう。

―「する会」結成の最大のメリット―

最後に行ったのがストックだ。ここは仙台の文化を紹介する小冊子『ふきながし』の発行所であり、雑貨を売る店であり、カフェでもある。店主の吉岡英夫さん（一九七五年生）は、「する会」のフライヤーやリーフレットなどのデザインを担当している。

他の二店は古本屋だが、ストックでは基本的に本は販売していない。そのせいか、三店でいちばんゆったりと古本市を楽しむことができた。ゲスト参加のオンライン古書店〈海月書林〉の出した本を、「カワイイ」とはしゃぎながら手に取る若い女性を目にした。

ぼくが気に入ったのは「Life Sketch Square」さんで、ビジュアルな本が多かった。なか

〈ストック〉の店内。木箱や椅子に本を並べる

でも一九六二年に出た『月刊東京タワー』という雑誌のようなパンフレットのような冊子には、東京タワーの内部の様子が詳しく紹介されている。こんな珍しいモノが五十円とは安すぎる！

ココでは、「する会」代表の武田こうじさん（一九七一年生）にお会いした。武田さんは仙台在住の詩人で、天文台でポエトリーリーディングのライブを開催したり、地元のラジオでパーソナリティをつとめたりしている。以前はビデオ屋でアルバイトをしていたが、そこが閉店してからは詩人としての活動だけにしぼったという。お金はなくても、いつも明るく人懐っこい人柄が地元の人たちに愛されている。失礼ながら、「仙台でいちばん有名な無職」という称号を奉りたい。武田さんが代表になったのはそういった活動に加えて、出版業界のしがらみがないということもあった。

「書店や出版社の人が代表になると、どうしても店の宣伝みたいに思われる恐れがある。そうじゃなくて、本との出会いを増やしてきたいという目的を持った会だと判ってほしかったんです」と武田さんは云う。また、詩人としては、本を読むプロセスを通して言葉の重要性を認識してほしいという思いがあったそうだ。

「する会」のスタッフは十人。NPO代表やタウン誌編集者など、さまざまな立場の人たちが参加している。その一人で、編集者・ライターの大泉浩一さん（一九六〇年生）は、前野さんや武田さんらを引き合わせ、最初の会議の進行役となった。

「仙台の街が好きで、本好きでもあることから、今回の話は良い機会でした。自分ではできないことを若い友人たちがやろうとしているのをお手伝いできて、嬉しい限りです」と大泉さんは云う。

また、古本市の期間中には、展覧会をはじめ、アートに関するさまざまなプロジェクトを行なっている〈せんだいメディアテーク〉（二〇〇一年開館）で、ぼくのトークイベントが開かれた。ジュンク堂では「本の話をしよう」というフェアが開催され、店内で古本を販売している（これはジュンコちゃんの企画）。

これまでそれぞれの場で活動していた成果をもとに、さまざまなアイデアを持ち寄り、話し合いの中で実現できたということが、「する会」結成の最大のメリットなのかもしれない。

もっとも、古本市の参加者からは「内輪だけで盛り上がっている感じがした」という意見があったこともたしかだ。たんなる異業種交流におわらせず、どれだけ開かれた会にできるかが、今後の課題だろう。

三店回っても移動距離は四キロほど。仙台は街並みが碁盤の目のように整然と、コンパクトにまとまっているので、街歩きには向いている。会場では、さっき別の店で見たお客さんにまた出会ったりした。

今回の古本市は、集客数も参加者の売り上げもまず満足のいくものだったと、前野さんは云う。

「十日間の開催でしたが、三店舗で千冊ほど売れました。企画した私たちが驚いたのは、とにかくたくさんの人が来てくれたということです。一日でぜんぶ回った人が多かったのも、嬉しい誤算でした。来年六月には、街の中で一箱古本市を開催するつもりですが、それに向けてのいいデモンストレーションになりましたね」

「6月の仙台は本の月」

二〇〇九年六月、ぼくはふたたび仙台を訪れた。前回来たときに感じた寒さとは打って変わり、真夏のような暑さだ。「する会」が「Ｂｏｏｋ！　Ｂｏｏｋ！　Ｓｅｎｄａｉ」の新しい企画として、「6月の仙台は本の月」と銘打って、一カ月間、さまざまなイベントを行なうと聞いたからだ。

「Book!　Book!　Sendai!」の新しい企画「6月の仙台は本の月」のパンフレット

　この半年で、彼らは急速に力をつけてきた。二〇〇八年十二月には、「トーク・イベント・ウィーク」と題して、秋の古本市に参加した海月書林の市川慎子さんと浅生ハルミンさんのトークをストックで、土岐小百合さんと飯沢耕太郎さんの映画上映＋トークを火星の庭で、そして『ふきながし』のスタッフのトークをマゼランで開催した。

また、二〇〇九年四月には、仙台市の郊外にあるショッピングビル〈泉セルバ〉で「する会」メンバーが出品する古本市を開催した。これは代表の武田さんが、この中にあるカフェで子ども向けの詩のイベントを行なっていた縁で、セルバ側から持ちかけられた企画だという。「郊外にあるので、わざわざ本好きがやってくるにはちょっと遠い。その代わり、買い物に来た地元の人が通りがかりに興味を引かれて立ち寄ってくれました」（武田さん）。

そして、満を持して迎えた六月。「する会」がこれまでに得た人脈とノウハウをフルに生かし、十二もの企画を実現させた。火星の庭やストックでの展示あり、せんだいメディアテークでの「古本屋起業講座」（講師は仙台の古書店〈昭和堂書店〉の店主）あり、〈市民活動サポートセンター〉のシアターでの漫画家のいがらしみきおとエロ漫画編集者の塩山芳明のトークありと、バラエティに富んでいる。

また、二十日、二十一日には、東京の早稲田・目白・雑司《ぞうし》が谷《や》のブックイベント集団「わめぞ」が大挙して仙台にやってきて、火星の庭、マゼランの二店で「古本縁日」なる古本・雑貨市を行なった。注目したいのは、その前の週に前野さんとジュンコちゃんが上京し、「わめぞ」主催のトークイベントに出演していることで、東京の本好きの「六月に仙台に行かなくちゃ」という気持ちを高めた。

「Ｂｏｏｋ！　Ｂｏｏｋ！　Ｓｅｎｄａｉ」企画のイベントのほかに、市内の書店、カフェ、ギャラリー、文化施設に呼びかけて同時に本に関する企画をしてもらった。三十もの企画が集まり、街が一体になって「6月の仙台は本の月」にしようという空気がひろまった。

「本の月」の最後を飾ったのは、二十七日にサンモール一番町商店街で開催された「一箱古本市」だ。仙台にはいくつもの商店街があるが、定禅寺通りから柳町まで南北に伸びた約一キロの東一番町商店街は明治末から大正期にかけて形成された（『忘れかけの街・仙台』河北新報出版センター、二〇〇五）。昔の表記は「東一番丁」。宮城県出身の詩人・菅原克己の詩に高田渡が曲をつけて歌った「ブラザー軒」は、一九〇二年（明治三十五）にこの東一番丁で開業した二階建ての西洋料理店のことである（現在も営業中）。

サンモール一番町は東一番町の南側に位置する、もっとも古いエリアだ。仙台最古の新刊書店、金港堂もこの通りにある。しかし、近くにあった東北大学が昭和四十年代に移転してからは、老舗の店が閉店するなど、落ち込みが激しかった（大内秀明「商店街とＮＰＯのコラボレーション　仙台東一番町サンモール商店街とシニアネット仙台」上・下、『専門店』二〇〇五年二、三月号）。

「ここを会場に選んだのは、古くから親しまれている商店街だから。昔からある店が多いし、〈いろは横丁〉（壱弐参横丁）や〈文化横丁〉といった小さな店が集まる路地に面していて、レトロな雰囲気が漂っています。いまでは人通りが少なくなっているので、もういちど盛り上げたいという気持ちがありました」と武田さんは云う。

この日は四十九組が古本を詰めた箱を出し、販売した。仙台以外に福島や山形からも参加した。ぼくや岡崎武志さん、塩山芳明さんなど東京勢もいる。この日も真夏のような暑さだったが、多くの人が箱を覗き込んでくれた。印象的だったのは、店主もお客さんも女性が多かったことだ。ぼくの箱も自分で店番しているときはお客さんが足を止めてくれなかったが、スタッフの女性に店番を頼んだとたんに何冊も売れたりした。仙台は女性の文化度が高い街なのか？（「これでも思ったより男性が多かった」とは、前野さんの弁）

夕方には、ゲストが選んだ優秀な箱が決まり、その店主が商店街の放送で呼び出され、本部（といっても長机があるだけだが）で表彰式が行なわれる。通りすがりのおばさんが、もの珍しそうに眺めていた。

戦前の東一番町には、夜になると街路の中央に五十ほどの露店が出ていた（「昭和十年十二月　仙台市内商店街に関する調査」、『昭和10年全国商店街調査資料』第三巻、不二出版、二〇〇七）。

その内訳をみると、「古書籍商」も五店ある。だから、おおげさに云えば、今回の一箱古本市では七十年もの時を隔てて、東一番町に古本の露店が帰ってきたコトになる。

じつは、今回の一箱古本市の開催はギリギリまで危うかった、と武田さんは云う。商店街でイベントを開くためには警察の許可が必要なことが直前に判り、そのやり取りが開催の一週間前まで続いたというのだ。しかし、本で仙台の街を盛り上げたいという「する会」の熱意が通じ、無事開催することができた。

また、「する会」とは別に「一箱古本市」を開催する団体も現れた。「あったかこころねっと」というNPOが主体となり、今年四月に「定禅寺ブックストリート」というイベントを開催したのだ。時期が近いので影響が懸念されたが、お互いが協力するということで両立できた（十月に第二回を開催）。

サンモールで場所を提供した店舗の反応も、「いつもよりお客さんが多くて驚いた」「大げさではなく、とても中身のあるイベントだった」と好評だった。来年もこの場所で一箱古本市が行なわれる予定だ。

二　お祭りから日常へ　二

六月の「Ｂｏｏｋ！　Ｂｏｏｋ！　Ｓｅｎｄａｉ」の成功をみて、いま、仙台のさまざまな場所から「する会」に「ウチでも何かやってほしい」というオファーが来ている。現在、空きスペースのある商業施設や、ある島の廃校などを舞台にしての古本市や展示の企画が進行中だ。九月には、東一番町の複合ビル〈クラックス〉で、仙台の古い地図や絵葉書の展示や、「街」と「暮らし」と「アート」をテーマにした古本市を開催した。

「これまで本に関する活動をやっているグループがなかったので、珍しいということがあるんでしょうね。仙台の人は伝統的に自分の街の文化に対する不満をずっと抱えているんです。また、転勤族が多いので、せっかく街になじんでも数年で出て行ってしまい、文化が定着しにくいということもあります。私たちの活動に期待いただくのは嬉しいんですが、かえってそれが重荷に感じることもあります（笑）」と前野さん。また、武田さんは「いまビジネスの中心になっているのは、本を読んで育ってきた世代の人たちです。だから、本に対する信頼があるんじゃないでしょうか」と推測する。

　また、仙台は市民活動が盛んであり、市民が積極的に関わるイベントが盛んな街であるということも関係しているのかもしれない。「する会」メンバーで、カタツムリ社を経営する加藤哲夫さん（一九四九年生）は、一九八七年に同社から『センダードマップ』を刊行した。同書は「仙台・宮城の地において、さまざまな問題に取り組む市民団体やもう一つの生き方・暮らし方を実践している個人、情報スポットなどに焦点をあて、二百件の情報を取材した生活ガイドブック」だ（加藤哲夫「市民活動の『場』をどのように形成するか」、『造景』三十四号、二〇〇一年秋）。「センダード」は、宮澤賢治が仙台を世界共通語のエスペラント風に呼んだ言葉だという。一九九一年には改訂版（『帰ってきたセンダードマップ』）を刊行。ここでは四百件のグループがリストアップされている。「当時、ひとつの地域での市民活動を網羅した本はほかにありませんでした」と加藤さんは云う。

　一九九七年、加藤さんらは「せんだい・みやぎＮＰＯセンター」を設立し、九九年にオープンした〈仙台市市民活動サポートセンター〉の管理運営を担当した。同館のサービスとしては、貸室、ロッカー、レターケース、印刷・コピー機、チラシラックなどがあり、仙台の市民団体の活動を支援する場になっている。今回の「する会」のイベントの多くも、同館内の施設で行なわれている。

前野さんは「今回のイベントでも、トークのような受身の企画よりも、自分から積極的に関わる講座やシンポジウムのほうが、参加者数は多かった。『一緒に何かを発信したい』と考える人が仙台には多いのかもしれません」と云う。

しかし、ボランタリーな面だけでなく、「Ｂｏｏｋ！ Ｂｏｏｋ！ Ｓｅｎｄａｉ」を通じて、古本屋でも書店でも、本に関わるプロがこの街にもっと増えてほしい、と前野さんは考えている。六月のイベントの一つ、「仙台本の博覧会」も、そんな願いを込めた試みで、江戸時代からの歴史を持つ仙台の出版事情を検証し、今後の可能性を話し合うシンポジウム。仙台で雑誌や書籍づくりに携わる人たちがパネリストとなり、学生を含む約百人が参加した。

今後は、個別のイベントを企画しながら、「する会」のメンバーが自分のフィールドにおける仕事をいかに広げていけるかが課題、と前野さんは云う。

「イベントってお祭りでしょう。準備は大変だけど、とにかく楽しい。だけど、そのお祭りを日常の活動につなげていかないと、本をめぐる状況は変えられない。自分の店を維持していくのは当然ですが、他の人がやっている店や活動も一緒に底上げしていきたい」

将来的には、ひとつのビルに本に関わるさまざまな店や事務所が同居し、互いに連携していくことができれば、というのが前野さんの夢だ。

仙台には、街への愛着が強いがゆえに、逆に現状に否定的になる人が多いようだ。本に関しても同様で、「街から昔ながらの本屋が消えてしまった」という嘆きを何人からも聞いた。しかし、失ったものを嘆くのではなく、いま残っているものを生かしながら、新しい関係をつくりあげていくことは不可能ではないはずだ。「する会」の活動が、仙台の「本の文化」を面白くしてくれたらいいな、と思う。

※追記　二〇〇九年九月、「杜の都を本の都にする会」は解散して、「Ｂｏｏｋ！　Ｂｏｏｋ！　Ｓｅｎｄａｉ」を継続的に本の企画を行なうグループ名として統一した。これにともない、代表をなくし企画ごとに担当者をたてる方式となった。

一騎当千の地域集団「わめぞ」——早稲田・目白・雑司が谷

━ タイプの違う三つのイベント ━

豊島区・南池袋の〈古書往来座〉の前での、「外市～軒下の小さな古本祭～」。二〇〇七年二月から奇数月に開催。明治通りに面した店舗の前の広いスペースに、プロ、アマを問わずに古本の棚や箱が並べられる。ほかにも雑貨や生活道具が並べられ、包丁の砥ぎ屋さんまで出張するという、異種混合戦の趣きがある。外は吹きっさらしの寒さでも、店の前はとても活気がある。すぐ近くのバス停にバスが止まるたびに、降りてきた客の目が一瞬、このにぎわいに惹きつけられる。

文京区・目白台の銭湯〈月の湯〉での、「月の湯古本まつり」。二〇〇八年三月から年二回開催。一九三三（昭和八）年創業のこの銭湯は、現存する都内でも最も古いもので、洗い場

〈古書往来座〉の外市。二日間、客が途切れる瞬間がない

月の湯古本まつり。洗い場に脱衣かご。そのなかに古本が並ぶ

みちくさ市。普段は静かな商店街を多くの人が訪れた

の壁に描かれた富士山のペンキ絵が見事だ。老朽化、客の減少から週三回の営業となっていたが、店主が「営業日以外に若い人たちがやりたいことに使ってもらえるなら」と場所を提供した（東京新聞、二〇〇八年三月二十八日）。この銭湯の脱衣場や洗い場、さらには湯船を使って、古本市を行なうのだ。本を脱衣かごに入れて並べるのもユニーク。湯船をステージに、トークショーが行なわれる回もある。

　豊島区・雑司が谷の「鬼子母神《きしもじん》通り　みちくさ市」。二〇〇八年十一月にプレ開催、翌年四月から九月までに三回開催している。鬼子母神通り商店街の店の前で、一般参加者が持参した古本を売る「一箱古本市」形式の古本イベント。「鬼子母神通り商店睦会」の商店主が、「この通りを盛り上げるイベントをやってほしい」と持ちかけて実現した。近くにある鬼子母神の境内で毎月開催される、工芸や雑貨などのフリーマーケット「手創り市」と同じ日に行ない、毎回四十人ほどが参加する。

このタイプの違う三種類の古本市を開催している（ときには一カ月の間に三つ行なうことも）のが、「わめぞ」という謎の集団だ。ちょっと異様な響きのコトバだが、じつは「早稲田・目白・雑司が谷」の頭文字を取ったもの。早稲田は新宿区、目白と雑司が谷は豊島区だが、この三つの街はかなり近い場所にある。早稲田には早稲田大学、目白には作家らが多く住んだ目白文化村と落合文士村、雑司が谷には永井荷風や泉鏡花の眠る雑司が谷墓地がある。

「わめぞ」は、この地域で本に関する仕事をしている人たちで、二〇〇六年十一月に結成された。

「雑司が谷に住んでいるイラストレーターの武藤《むとう》良子《りょうこ》さん（一九七一年生）が、この辺の人たちで一緒に何かやりたいと云ってきたんです。目白には絵本ギャラリーの〈ポポタム〉があり、雑司が谷には和雑貨と古本の〈旅猫雑貨店〉がオープンしました。それで、谷根千（谷中・根津・千駄木）みたいに、早稲田・目白・雑司が谷を『わめぞ』と呼ぼう！　と盛り上がった。でも、たんに飲み会をやっただけでその時点でナニをやるかはまったく決まっていなかったんですが（笑）」と、往来座の瀬戸雄史《ゆうし》さんは云う。

二　古書界若手キーパーソンの試み　二

そのときの出席者の中に、向井透史さん(一九七二年生)がいた。向井さんは早稲田の古書店〈古書現世〉の二代目である。高校卒業後、古書の世界に入り、店や市場で働いてきた。まだ三十代だが、中心になって早稲田青空古本祭を運営し、共同目録『古本共和国』の編集を担当してきた。自店の目録『逍遥』に連載したエッセイが評判となり、『早稲田古本屋日録』(右文書院、二〇〇六)、『早稲田古本屋街』(未來社、二〇〇六)などを著した。古書業界の若手のキーパーソンの一人である。

早稲田の古書店街は店舗が多く、戦前からの歴史もあるのだが、その一方で、近年では新しく何かを始めるという機運が少なくなっていた。この地域の古本屋は、高田馬場の駅前の〈BIG　BOX〉で毎月開催される古書市と、毎年秋に穴八幡神社で開催される早稲田青空古本祭のふたつに参加することで、安定した売り上げを得てきた。しかし、二〇〇七年五月に改修のため、BIG　BOX古書市は終了(二〇〇九年に隔月で復活)。それでも動こうとしない人たちに、向井さんはいらだちを募らせていた。

状況を変えるために、当時、向井さんはいくつかの試みに取り組んでいた。ひとつは「店舗内店舗」。二〇〇四年頃、イラストレーターの浅生ハルミンさんに依頼し、「ハルミン古書センター」を出してもらった。女性雑誌や猫エッセイなどこれまでの古書現世と明らかに異質な本や、手書きのスリップが評判となった。

ほぼ同時期に、三鷹の〈上々堂《しゃんしゃんどう》〉内で岡崎武志さんが「岡崎堂書店」を、浅生さんがやはり「ハルミン古書センター」を開始。ひとつの店の中に、複数の視点で選ばれた本が並ぶという構図が新鮮だった。自分の店にない要素が必要ならば、それを持っている店やヒトに手伝ってもらえばいい。そのような柔軟さが向井さんの身上だ。

二〇〇六年十二月には、「古本市　夜・昼」を開催した。葛飾区立石から早稲田へ移転してきた〈立石書店〉のオープニングイベントとして、夜七時にスタートという古本市を行なったのだ。店内では立石書店の本、外の壁にはゲストの本を並べるという趣向で、ちょうど大量に本を処分する必要に迫られていたぼくが「古本けものみち」として数百冊を出品。わずかな照明の下、多くの人たちが棚に群がっていたのが忘れられない。「会場を借りて開催するのではなく、お店を使って古本市をやるという『古書往来座外市』へ向けての実験的イベントだった。大盛況に終わり、『外市』開催の実現が現実的になる」（「わめぞ年表」）。

話は前後するが、「外市」がはじまったあと、二〇〇七年八月には古書現世と立石書店で、ゲストを迎えての「ウィークエンド・ワセダ」を開催。十二月には〈飯島書店〉も加わって第二回が行なわれた。売り上げはよかったものの、早稲田のほかの古本屋に人が流れることがなく、また、このイベントに対しての古本屋店主の反応が薄かった。「いまの早稲田では店主の高齢化が進み、若手の連帯もあまりありません。そこでこういうイベントをやっても、実りがないと思うようになったんです」と向井さんは云う。

――「店を楽しく守れ」という教え――

ここでもう一人の古本屋が登場する。先に出た古書往来座の瀬戸雄史さん（一九七五年生）だ。十九歳のときに、池袋の東京芸術劇場内にできた〈古本大學〉で働きはじめる。古本大學は明大前の本店のほか支店も多く、忙しい社長は店にはほとんど来るコトがなかった。右も左も判らない瀬戸さんは、「放牧された感じ」ですべてを任せられた。

八年間勤めたあと、店の在庫を買い取るカタチで独立。そのまま営業を続けるつもりだったが、東京都が芸術劇場のテナントを見直すことを決め、導入されたコンサルタントから

「古本なんて儲からない」と引導を渡されたという。

「ずっとこの場所でやっていけると思っていたので、愕然《がくぜん》としました。それで五万冊の在庫を抱えて場所を探し、二〇〇四年五月に開店したんです」

往来座の店舗は、二十八坪と古本屋にしては決して狭くはない。それでも上から下まで本が充満している感じがする。古本大學の社長が「本を捨てない」ことをモットーとしており、瀬戸さんもその流儀を継いだから、そうなったという。

余った本は店の外で、均一本として売る。店の前は広いので、多くの什器を使って出すが、その出し入れの手間に比べて、売り上げはあまり良くなかったという。ぼくも、均一台にあまり動きがなく、いつ行っても同じ本が並んでいるという印象を持っていた。

「売れないものを見切るまでの期間が、ぼくはすごく長いんです。どんな本でも五十円、百円でいつか必ず売れると根拠もなく信じ続けているから、開店当初は本が処分できなかったんです」と瀬戸さんは笑う。

そんなとき、先の飲み会で、瀬戸さんは向井さんと出会う。向井さんはすでに、往来座の店の前の広さに注目していた。「こんなに広ければ、いろいろできるなあと思っていました。それでこのスペースを使って、古本市をやることを瀬戸さんに提案したんです」。

じつは、瀬戸さんはこれまで古書展などの催事にはほとんど参加してこなかった。これも古本大學の社長から、「店を楽しく守れ」と教えられて、店をおろそかにすることをやるつもりは一切なかったからだ。しかし向井さんの提案は、店の「内」を活気づけるために、「外」を盛り上げようというものだった。

こうして、できれば店から出たくないひきこもりの古本屋と、早稲田にない要素を求めていた古本屋が出会った。そこに先の「わめぞ」メンバーが加わり、二〇〇七年二月に往来座前での第一回「外市」として実現する。

新しいイベントへの意気込み

このとき、向井さんの頭にあったのは、古本市という店の「外」での儲けに力を入れ、本拠地であるべき店に客が集まらなくなるという、これまでの多くの古本屋の姿だった。彼が「外市」でやろうとしたのは、そうではなく、「外」の風を呼び込むことで、店の「内」を生き生きとさせるためだった。

「外市」開催の数日前、向井さんは自分のブログでこのように書いている。

外市のキャッチフレーズは「外、行く?」である。お客さんが気軽に人を誘って来られるような、そんなイメージで作った言葉だ。でも、実はそれだけではない。売る側、つまり自分や参加者に向けての言葉でもあるのだ。たとえば、自分も、思うように店を運営できない。いまだ親父が社長であり、自分は雇われ店主みたいなものなのだ。だから、流されたまま毎日を送ってしまう時もある。妥協になにも感じなくなってしまう時もある。でも、言い訳ばっかりしてふてくされていても、何も変わらない。そんな時、外市が具体的に目の前に現れた。「業界」とか「早稲田」とかのしがらみがない古本市に参加できることになった。もう15年以上古本屋をやっているが、もう一度、ゼロから積み上げていける機会をもらったような気がする。自分が立っている狭い枠の外へ行けるような気がする。古本市が嫌いだった瀬戸さんは、自分の店でその古本市をやることを決めた。新しいお客さんや同業者とのつながりに賭けて、彼は一番最初に「外」へ出た。

この外市、今回の参加者の経費はゼロである。集客をもって参加費とした(次回からはわずかではあるがもらおうと思っている。備品代の蓄えとして)。出品量も自由だ。棚にあわせて量を決めるのではなく、出したい量にあわせて、棚を決める。次回の開催に参加する、しないも自由だ。やりたい時だけやればいい。店番に来られなくても参加できるようにしよう。とにかく無理なく参加できる場を作りたかった。不安なく参加できる場を作りたかった。実際、プロの古本屋でも古本市をやりたいけど量がとか、人手がとか、いろんな理由で参加できず「外」へ行けない人も多いと思う。ネットだけでやっている人、副業でやっている人、古本屋になろうか迷ってる人の中にも、気楽に参加できそうな、リアルに本を売る場があればと思っている人は多いのではないだろうか。そういう人、いまだ出会っていないけど同じようなことを思っている人が気軽に参加できる場であってほしい。今までと違う自分を表現できる場であってほしい。不満だらけの自分の枠の「外」へ行ける場であってほしい。そしてなによりお客さんにも、「本」だけではなく「街」を通して、自分の外側にある感覚に出会ってほしい。だから「外、行く?」なのだ。

（「古書現世店番日記」二〇〇七年二月十九日）

長く引用してしまったが、新しいイベントをはじめることへの意気込みと、覚悟が伝わってくる文章だ。これを読んで、「外市」に駆け付けた人も多いはずだ。ぼくはこのとき病院から退院したばかりだったが、やはり「行かねば」と感じ、出かけた一人だった。

異質なものを組み合わせる

「外市」の出品者は、プロの古書店主、編集者やライター、本に関するブログを書いている人など。こうした常連とは別に毎回、ゲスト出品者を招く。東京だけでなく、仙台の火星の庭、京都の山本善行さん（『ｓｕｍｕｓ』同人。二〇〇九年に京都で〈古書　善行堂〉をオープン）、神戸の〈口笛文庫〉、倉敷の〈蟲《むし》文庫〉などが参加している。一店ごとの出す本の量や傾向がバラバラで、何が出てくるかが判らないところが、客にとって面白いイベントになっている。

参加した動機もさまざま。北條一浩さん（一九六二年生）は、池袋の映画館で配布するフリーペーパー『ｂｕｋｕ』を編集していることから、往来座との付き合いが生まれた。「プロの古書店さんと一緒にお祭りに参加できるというスタイルが新鮮でした。実際、どういう本が売れてどういう本が売れないか、という勉強にもなります。また、『ｂｕｋｕ』で扱っている映画では、あまり地域の特徴を感じられないのに対し、『わめぞ』の場合、それぞれのイベントが、地域の特性とリアルに結びついているところが面白いです」と北條さんは云う。

一九八四年生まれと目下最年少の薄田通顕《うすだみちあき》さんは、「古書文箱」という屋号で二〇〇八年五月から「外市」に参加している。スラッとした体型で白いシャツを愛用しているので、「白シャツ王子」の異名を取る。薄田さんは福岡在住時の二〇〇七年、「ブックオカ」での一箱古本市に参加、上京してからは高円寺の古本屋〈古楽房《こらぼ》〉でアルバイトしながら、自分の店を持つべく準備をしている。

「外市には、毎回百二十冊程度を出しています。あまり知られていない、人から忘れられている本を並べるようにしています。ふだん本を読まない人にも手に取ってほしいので、自分がつけた値段が適正かどうかはいつも気になります」と薄田さんは云う。

「外市」で売っているのは古本だけではない。旅猫雑貨店の金子佳代子《かねこかよこ》さん（一九六八年生）は、「外市」でフトン叩きや買い物籠《かご》、ワラジ、孫の手などを並べ、会場を盛り上げている。以前はブックカバーやしおりなど本関係のグッズを置いていたが、意外にどんなモノでも売れることに気づいたという。

第3回「外市」のチラシ（2007年）。イラストは武藤良子

「古本以外で目を惹くモノがあると、一般のお客さんが足を止めてくれる。子どもが最初に寄ってきて、両親が本を買ってくれることもある。だから、次はどんなヘンなモノを持っていこうかと、いつも考えています（笑）」

このほか会場では、包丁砥ぎの人（じつは金子さんのお兄さん）がいたり、「文系ファンタジックシンガー」を自称するＰｉｐｐｏさんという女性が、自分で発明した謎のゲームをお客さんに勧めている。往来座の瀬戸さんは、本を売ることよりも、本を並べるための棚や道具を手づくりすることに一生懸命だ。なんだか異種混合の感覚に満ちている。

店番や会計は参加者が交互につとめ、あちこちで談笑する姿が見られる。のどかな光景だが、回を重ねるごとに売り上げは伸びていると向井さんは云う。

「負担金を払って参加する古書展やデパートの古本市に比べると、『外市』は圧倒的に経費が安く、労力もあまりかからないので、プロの古本屋が参加するメリットは充分あります。また、ここに出ることによって、店の名前が認知されることもあります。

でも、プロじゃない参加者も次第に売れるようになってきたんです。みんなが本のセレクトや置き方を工夫している。むしろ、あまり本にこだわりのない人が出した本がよく売れたりするのが面白いです」

だからといって、売れることだけを前提としているのではない。ビジネスだけが目的だったら、プロ同士でやればいい。そうじゃない人たちと一緒にやるから、プロにも刺激があるのだ。

「同じ匂いの人だけが集まる場は安定しているけど、居心地が悪いこともある。せっかく古書業界を離れたところで古本市をやるんだから、なるべく異質な人たちの組み合わせにしたかった。プロレスでいう『マッチメイク』の感覚ですね（笑）」と向井さんは云う。

立石書店の岡島一郎さん（一九七〇年生）も、「『外市』ではむしろプロのほうがショックを受けています」と語る。

「若手の古本屋が何人か参加しているんですが、ちょっと気を抜くと、一般参加の人に負けることがある。プロにとってもいい勉強の場になっているんじゃないでしょうか」

――「仕事を遊ぶ」という姿勢――

それにしても、「わめぞ」は二〇〇八年には十回もイベントをやっているのだ。一体どこからそんなアイデアやパワーが生まれるのだろうか？

その理由として、ほとんどのメンバーが挙げるのが、みんなが近くに住んでいることと、会議がないこと。

彼らはしょっちゅう会って飲んでいる。何度か飲み会に参加したことがあるが、あちらでは瀬戸さんが「世界一長い本棚を使って古本市がやってみたい」などとよく判らない夢を語り、こちらでは白シャツ王子が岡島さんにプロになるためのアドバイスを受けている。本の話と冗談が同じぐらいの量で飛び交っているのだ。そこで口にされた無数のアイデアのほとんどは、その場で忘れられてしまうのだが、その中でみんなが「それならやってみたい」と思うプランが残る。向井、金子、瀬戸らがその実現性を検討し、行けるとなったらスグに動き出す。あとはそれぞれのメンバーが自分の仕事をするだけだ。

「会議がないので、面倒なストレスが生まれないのがいい。ぼくはふだんの仕事と同じで、本の搬入や会計を担当していますが、『わめぞ』でやるほうが楽しく働けます」と岡島さんは云う。

「わめぞ」のチラシのイラストを手がけ、酔っ払いのムードメーカーでもある武藤さんも、「店主やフリーで仕事をしている、いわば一国一城の主ばかりなのに、なぜか一緒にうまくやっていけるのが面白いところです」と云う。武藤さんは二〇〇八年にブログの旅行記をまとめた『大阪京都死闘篇　武藤良子関西旅行記』を、「わめぞ文庫」として刊行。「面白いセンスのある人が多いので、彼らの書いたものを『わめぞ文庫』で出していきたい」と武藤さんは云う。

『古本暮らし』（晶文社、二〇〇七）という著書もあるライターの荻原魚雷さん（一九六九年生）は、「文壇高円寺」という屋号で外市などに出店している。魚雷さんは、「わめぞ」の面白さは「酒の席での与太話を実現させてしまうところ」だと云う。

「適度にいいかげんで、求心力があるんだかないんだかわからないんだけど、チームワークがすごい。たぶん、それまで力が余って、くすぶっていた人が多いんじゃないかなあ。『わめぞ』というゆるい場ができたことで、いろいろなことが試せるようになって、できることの範囲がひろがったのだと思う。外市だけでなく、次々と新しいイベントをはじめたり、東京以外からもどんどんゲストを呼んだりして、停滞しないための工夫をしていているところは感心します」

たしかに、「わめぞ」のメンバーはみな個性が強い。その中でより面白いことをしている人、ほかとは違う何かを持っている人が頭角を現していく。主役も脇役もごっちゃになって存在感を放っている点は、まるで東映ヤクザ映画《仁義なき戦い》の登場人物たちのようだ。さしずめ、向井さんを金子信雄演じる組長とすれば、我が道を行く瀬戸さんが菅原文太、クールな頭脳派の金子さんは成田三樹夫、金庫番の岡島さんが田中邦衛といった役どころだろうか。川谷拓三みたいに鉄砲玉として飛び出す若い衆もいて、毎回のイベントを集団の「群像劇」として演じている。

「自分も加わりたいと云ってくる店や人がいますが、自分でアイデアを出したり動いたりすることのできない人は置いてけぼりにされがちです」と向井さんは云う。「ぼくはよく『仕事を遊ぶ』と云うのですが、『わめぞ』のメンバーはその感覚を持っていると思います。だから、やっていて楽しいんです」

「わめぞ」は今後、「外市」（年六回）、「月の湯古本まつり」（年二回）、「みちくさ市」（年五回）というペースで活動を続けていく。彼らの織り成す群像劇がこの先、どんなカタチで発展、変化していくのか、楽しみに見届けたい。

文化の〈るつぼ〉から生まれるもの——中央線沿線

一「中央線」という磁力一

上京して初めて一人暮らしをしたのは、中央線沿線の西荻窪だった。当時はまだ「国鉄」であり、「JR」になったのは翌年の一九八七年のことだ。田舎育ちのぼくには、駅前の商店街だけでなく、入り組んだ路地や住宅街のなかにまで店が出ている様子はとても新鮮で、毎日がお祭りみたいだった。

ぼくが立ち寄るのは、食料を調達する店を除けば、まず古本屋と新刊書店、そしてレコード屋、雑貨屋、喫茶店（ジャズ喫茶やクラシック喫茶を含む）、ラーメン屋、ときどき安い居酒屋、といったところだが、そのいずれもが、店名も品揃えも独特だった。

入り口まで本が積み重なっていて体をヨコにしないと入れない古本屋、お香の匂いがしみついている雑貨店、つねにインド音楽が流れている古着屋、「エサ箱」（レコードが詰まっている箱）から凄い勢いでレコードを抜いては戻している客ばかりいる中古レコード屋、何十個もの古い時計が飾られている喫茶店……。まるで、〈るつぼ〉のように文化的な熱気が渦巻いている。

中野から吉祥寺の各駅にも、こういった個性的な店が多くあった。街並みも店も、その個性の内実はそれぞれ違うものなのに、全体としては、どこかで似た匂いを発しているのが面白かった。

それは、中央線の街が、関東大震災のあとで、東京の中心部から移転してきた人たちによってつくられたことと、無縁ではないだろう。

一八八九年（明治二十二）に甲武鉄道が新宿―立川間で運転を開始し、一九〇六年（明治三十九）には国営に移管され中央線となった。一九一九年（大正八）には吉祥寺までが電化され、その三年後に高円寺・阿佐ヶ谷・西荻窪の三駅が新しくできた（杉並郷土史会『杉並区の歴史』名著出版、一九七八）。

ちなみに、中央線が東西にまっすぐ走っているのは、甲州街道沿いにつくる計画だったのが沿線住民の反対を受けたため、「街道が少し斜めに切れようが構わずに、中野から立川までシャッと線を引いてしまった」からだという（高山英華、聞き手・藤森照信「郊外の始まり都市計画の大家に聞く」『東京人』一九九五年十一月号）。なるほど、この辺りを自転車で走ると、いつの間にか中央線の反対側に出てしまうことが多かったのは、そのせいか。

中央線の作家の代表的な存在である井伏鱒二は、一九二七年（昭和二年）に荻窪に引っ越してきた。

その頃、文学青年たちの間では、電車で渋谷に便利なところとか、または新宿や池袋の郊外などに引越して行くことが流行のようになっていた。新宿郊外の中央沿線方面には三流作家が移り、世田谷方面には左翼作家が移り、大森方面には流行作家が移って行く。それが常識だと言う者がいた。関東大震災がきっかけで、東京も広くなっていると思うようになった。ことに中央線は、高円寺、阿佐ヶ谷、西荻窪など、御大典記念として小刻みに駅が出来たので、郊外に市民の散らばって行く速度が出た。新開地での暮しは気楽なように思われた。荻窪方面など昼間にドテラを着て歩いていても、近所の者が後指を差すようなことはないと言う者がいた。貧乏な文学青年を標榜する者には好都合なところである。

（『荻窪風土記』新潮文庫、一九八七）

文化の〈るつぼ〉から生まれるもの（中央線沿線）

井伏と前後して、上林 暁《かんばやしあかつき》、木山捷平、太宰治、外村《とのむら》繁、新庄嘉章《よしあきら》、河盛好蔵《よしぞう》といった小説家や翻訳家、学者が、この「新開地」に移り住んだ。彼らはお互いの家をしょっちゅう行き来し、将棋を指し、碁を打ち、酒を飲み、文学を語った。その発展形として、戦前から戦後にかけて、フランス文学者・青柳瑞穂の自宅で、「阿佐ヶ谷会」という集まりが行なわれている（青柳いづみこ・川本三郎監修『「阿佐ヶ谷会」文学アルバム』幻戯書房、二〇〇七）。

それから八十年以上たった現在でも、中央線には「気楽な暮し」を求める貧乏な青年が多く住んでいる（文学青年よりはるかにロック青年のほうが多いにしても）。街ができた当時の雰囲気が、ずっと受け継がれてきたのだ。

中央線は独特の磁力で、多くの人を引き付け、離さない。上京してからずっと中央線で暮らしているという人は多いはずだ。もっとも、ぼくはある時期に、その磁力に反発して、引っ越してしまったけれど。

■『おに吉』の創刊■

文化的空気の濃い中央線では、本屋さんも充実している。

荻窪に住んだ私小説作家の上林暁は、一九五四年に「荻窪の古本市」という文章を書いている（『文と本と旅と』五月書房、一九五九）。この頃は荻窪の古物会館で一月おきに古本市が開かれていた。

「中央線の沿線には大凡百軒くらいの古本屋があって、この古本市に出品するのは、いつの時も三十軒くらいのものだそうである。私は今年になってはじめて行くようになったのであるが、今では病みつきになって、市の立つ日が待ち遠しくてならない状態である」

さすがに百軒とはいかないだろうが、現在でも中野から三鷹まで、どの駅の近くにも古本屋が見つかる。開店して何年かで消えていく店もあるのだが、そのあとにまた別の店ができるので、全体的に減ったという印象はない。

新刊書店では、中野にはブロードウェイに〈明屋《はるや》書店〉と〈タコシェ〉、高円寺には〈高円寺文庫センター〉、阿佐ケ谷には〈書楽〉と〈書原〉、荻窪に〈ブックセンター荻窪〉、西荻窪には〈今野書店〉と〈信愛書店〉、そして吉祥寺には〈リブロ〉（元〈パルコブックセンター〉）というように、家から徒歩や自転車で行ける範囲に、大小の書店がかならずある。

最近では、本に関するイベントも行なわれている。二〇〇〇年、国立から高円寺に移転してきた〈コクテイル〉は、「古本酒場」を名乗り、店内に古本を並べて販売したり、店主の狩野俊さん（一九七二年生）が考えた「文士料理」を出したりしている。二〇〇四年にあづま通りの十坪ほど場所に移転してからは、古本関係者のトークやミュージシャンのライブをさかんに開催している。古本屋さんや古本好きがココで会い、一緒に何かをはじめることも多い。

二〇〇三年五月には、フリーライターの岡崎武志さん（一九五七年生）が編集長となって、『おに吉　古本案内』が創刊された。お＝荻窪、に＝西荻窪、吉＝吉祥寺で「おに吉」。西荻窪〈興居島屋《ごごしまや》〉の石丸徳秀さんが中心となり、この地域の古本屋さんがお金を出し合ってつくったフリーペーパーだ。全十六ページで、半分は各駅の古本屋地図、半分がエッセイなどの読み物になっている。これまでに坪内祐三、角田光代、三浦しをん、山崎ナオコーラ、スズキコージら、中央線にかかわりの深い人たちが寄稿した。巻頭にはふちがみとふなとや上野茂都がつくった古本ソングの楽譜、中には久住卓也の漫画という具合の、たのしい小冊子

『おに吉』第4号（2009年6月）。
古本屋の地図と読み物を掲載

なのだ。二〇〇九年六月には、四年ぶりに第四号を発行している。

「これまでの古本屋さんは『一国一城の主』という意識があり、一緒に何かをやることはあまりなかったと思います。ところが、中央線にも従来の古書業界とは異なる、若くて新しい発想を持った店主が増えてきた。彼らが古本好きの裾野を広げるようなことをやろうと動き出したんです」と岡崎さんは云う。

―「西荻ブックマーク」からの発信―

また、二〇〇六年五月からはじまった「西荻ブックマーク」は、本に関わる人のトークを毎月開催。すでに三十四回に達している（二〇〇九年七月現在）。

これまでに出演したのは、穂村弘、沼辺信一、内堀弘、三浦しをん、霞流一、やまだないと、土井章史、角田光代、大竹昭子など。作家、マンガ家、編集者、評論家と多岐にわたっている。妖怪アートユニット「日本物怪観光」が妖怪を語る回もあれば、浜野佐知監督の映画《第七官界彷徨～尾崎翠を探して》を上映する会もあった。

会場は、西荻窪の中央線高架下にある〈マーレ〉という貸しスペース。西荻の新刊書店、今野書店のスタジオだ。三十人でほぼ満員という部屋だが、出演者と聴衆が膝つき合う近さが、かえってリラックスした雰囲気を呼ぶ。

「だって、よそのイベントと同じコトをやっても、つまらないでしょ？　利益が出るようなイベントじゃないから、お客さんだけじゃなくて、出演者もぼくたちも楽しめるものじゃないと」と云うのは、ライターの北尾トロさん。〈音羽館〉の広瀬洋一さん（一九六五年生）、〈ハートランド〉の斉木博司さんとともに、西荻ブックマークを運営している。

音羽館は二〇〇〇年に西荻窪で開業した古本屋。店の外にはいつも均一本が安く並んでいる。なぜか二つある入り口から中に入ると、文学から映画、音楽、漫画まで幅広い本が並ぶ。女性客が多いのも特徴だ。また、ハートランドは一九九七年に開店。古本屋にカフェを併設したスタイルは、まだ珍しかった（同店は二〇〇七年に閉店し、長野県の高遠《たかとお》で〈高遠　本の家〉を運営。227ページ参照）。

出演者には、「本」をテーマにすることと、ほかとは違う内容にすることを前提に依頼する。先方のやりたいことをすべて受け入れるのではなく、こちらからもアイデアを出していく。「自分でやりたいコトを持っている人には、どんどんスタッフになってもらっています。本に関わる仕事をしている人もいれば、学生もいます。こういうのやりたいなーと思っていても、一人ではなかなか動けないけど、グループでやれば知恵を出し合って実現させられる。やりたいという人には、出演依頼や打ち合わせまでひとりでやってもらいます。ぼくたち三人は、何か問題が発生したときの『ケツ持ち』が役目です（笑）」と北尾さんは云う。

広瀬さんも「自分ひとりではゼッタイに思いつかない発想が、グループの中から出てくるのが面白いですね」と云う。

出演者やテーマによっては、マーレで収容できないことがある。そのときに使われているのが〈こけし屋〉の別館二階だ。ココでは、戦後の一時期、「カルヴァドスの会」が行なわれていた。ユーモア随筆家の石黒敬七が会長で、この近辺に住む作家、詩人、画家、音楽家、俳優などが集まって酒を飲み、談笑する会だった。そんな文学史的背景からここを会場にしたのかと訊いたのだが、広瀬さんの「いえ、ぼくの結婚式の二次会がココだったもので（笑）」という返事に拍子抜けした。「意外とリーズナブルな値段で借りられる」のだとか。

西荻ブックマークに関わった理由を、広瀬さんはこう語る。

「ウチの店にはいろんなお客さんが来て下さるんですが、その中には、ユニークな仕事をしている人がたくさんいらっしゃいます。その人たちをみんなに紹介したいと思ったんです。それと、ぼく自身が知らない人にもっと会ってみたい、という気持ちもありました」

同じく西荻の南口、柳小路通り飲食街では、二〇〇七年四月から「昼本市」が開催された。飲食街の有志による「昼市」に便乗するかたちで、十数人が古本を販売する。昼間からほろ酔いで本を漁るというユニークなイベントだったが、残念ながら現在は中断している。

「本の楽市」——期間限定のお祭り

二〇〇九年五月には、高円寺で新しい本イベントがはじまった。〈座・高円寺〉を舞台にした「本の楽市」だ。

高円寺駅北口から徒歩五分のところにある、座・高円寺は、杉並区立の芸術施設。高円寺で毎年夏に開催されている阿波踊りの普及と、日本劇作家協会との提携による舞台芸術の普及を二つの柱にし、三つのホールを擁している。この建物の屋根が阿波踊りの踊り子の笠みたいなのは、そのためだろうか（気のせい?）。

「本の楽市」は、同館のオープニングイベントとして、五月一日から十七日まで、一階のエントランスホールで開催された。中央線の古書店・新刊書店十六店が本を販売するとともに、期間中の土日には素人参加の「一箱市」も行なった。

同じ期間に、一階の劇場では「旅する絵本カーニバル」という絵本の展覧会や、大道芸が開催されていることもあり、人出は多かった。

七月には第二回を開催。最終日の八月二日には、「一箱市」も行なった。あいにくこの日は雨で客は少なかったが、参加者は持参した本を読んだり、隣の人と話したりと、思い思いに時間を過ごしていた。

本の楽市を運営するのは、「楽市・本屋の会」というグループ。その中心となっているのが、ブックカフェ〈茶房　高円寺書林〉の原田直子さん（一九四九年生）だ。

信愛書店は、原田さんの義父が一九

杉並芸術会館〈座・高円寺〉。中央線の車内からもすぐ判る外観だ

第2回の新刊・古本の販売スペース。奥のテントがレジになっている

三四年（昭和九年）に早稲田で開業した、古書、新刊、洋書を幅広く揃える店だった。同店は一九四七年に西荻窪へ移り、一九七〇年代半ばには、原田さん夫妻があとを継いでいる。取次からのいわゆるパターン配本を断り、一冊ずつ自分で選んで仕入れている。面倒だからと他の店が置きたがらない自主出版物やミニコミも、面白いと思ったものは「本の形をしていれば地の果てまでもとりに行く覚悟」で、取り寄せる。

　信愛書店のほかに、「この時代に合った書店をゼロからつくってみたい」と考え、一九八〇年にあづま通りで高円寺文庫センターをオープン。文庫をメインにした、七坪の店だった（二〇〇七年六月に庚申通りに移転）。

「私の好みで本を入れるにしても、それをお客さまが買ってくれなければ成り立たない。棚にどんなに素晴らしい本が並んでいても、その場所やお客さんに合わなければ意味がない。その意味で、店をつくるのは結局のところ、お客さまなんです」と原田さんは云う。

そして二〇〇六年一月には、三店目の店、高円寺書林を庚申通りに開店。十坪の店の半分が新刊書、半分がカフェと古本という「ブックショップカフェ」である。カフェスペースでは展覧会やイベントも行なう。

こういう店をつくった動機は、「いま、お客さまの興味が本を読むことから発信することへと変わりつつあるのではないか」と考えたからだった。「本のカタチをしたものを買って読む以外に、本についてブログで書いたり、ネットでコミュニケーションしたりするのが好きな人はたくさんいる。本を買わなくなったんじゃなくて、本の買い方が変わったんじゃないか。だとしたら、彼らに向けて本を売るだけでなくて、彼らと一緒になにか本にまつわることをやるといいのではないか」

二〇〇八年十月には、五十以上の音楽・アート・文芸ジャンルの店舗・スポットを掲載するフリーペーパー『高円寺らいふMAP』を発行した。ここに、座・高円寺の記事を載せたことがきっかけで、運営スタッフからオープニングイベントへの協力を頼まれたのだ。スタッフの「本好きな子どもを育てたい」という熱意にうたれて、原田さんは動き出した。

新刊だと同じような本が並ぶ危険がある、古本を加えることで扱う本の幅を広げたいと、古書店にも声をかけた。吉祥寺〈トムズボックス〉のように絵本作家のオリジナル商品を出している店にも参加してもらった。

「第一回のテーマは絵本ですが、新刊では手に入らない、いい絵本がたくさんあるんですよ。いろんな本をお客さんに見てほしかった。『楽市』という名前は、新刊と古書、プロとアマという垣根や業界の規制をとっぱらって、コラボレーションしたいと思ってつけました。それと、期間限定のお祭りという意味もあります」と原田さんは云う。

たしかに、客の立場からすれば新刊も古書も関係ない。自分の納得する値段で欲しい本、読みたい本が手に入れば、どちらでも構わないという人がほとんどだろう。じっさい、客はごく自然に両方から本を選び、売り場での混乱はなかったそうだ。

―― 客の意識が変わってきた ――

原田さんから声を掛けられた一人に、岩崎洋介さん（一九五七年生）がいる。岩崎さんは〈Ｐａｒａｄｉｓ〉（パラディ）という屋号で映画関係の古書を扱っている。また、二〇〇八年十二月からは高円寺で古書店〈古楽房《こらぼう》〉を共同で経営している。

岩崎さんは高円寺にある、古書組合の西部古書会館で二〇〇八年から行なわれている「ちいさな古本博覧会」の仕掛け人でもある。西部会館には現在六つの会があり、それぞれ定期的に即売会を開催している。そのメンバーは固定化され、なかなか新しい店が入ってこないのが実情だ。また、お客さんも筋金入りの古書マニアが中心で、一般の本好きには敷居が高いことは否定できない。そこで、新しい世代の古書店が集って、新しい客を呼び込むことをめざす即売会をつくろうと、岩崎さんとコクテイルの狩野俊さんが中心となって準備を始めたという。

第一回には、古書展に参加していなかった中央線の店や、他の地域の古本屋、オンライン古書店など、二十九店が参加。「即売会に来たお客さんに、その店の特色を知ってもらい、リアルやオンラインの店舗にも足を運んでほしい。店に誘導できるイベントにしたいと思ったんです」と、岩崎さんは云う。会場では岡崎武志さんがマイクの前で古本についてのおしゃべりをし、それを聴きながら本を眺めるという趣向だ。

「ただ、古書会館を会場にすると、組合に入ってない古本屋さんに出てもらうことはできません。だから、座・高円寺の話を聞いて、これでこれまでとは違う人たちと組んで新しいことをすることができると思いました」と岩崎さんは云う。

一方、新刊書店とも古書店とも違う立場で、このイベントに関わったのが、鎌垣英人さん

（一九六一年生）だ。鎌垣さんは一九八六年に取次会社〈大阪屋〉に入社。その後、〈ブックファースト〉をはじめとする書店の立ち上げや、アマゾンの担当などを経験してきた。高円寺書林では二〇〇七年から「高円寺純情出版界」という出版の現状を話し合う会を開催しているが、鎌垣さんはその世話人でもある。「本の楽市」では、新刊の選書に協力するとともに、「一箱市」の運営を担当している。

「一箱市」のスペース。店主はディスプレイにも趣向を凝らす

「あいにく天気の悪い日が多かったのですが、本当は建物の前のスペースまで並べたかった。『一箱市』は、ブックカバーやグッズなど本に関係のあるモノなら何でも出品できます。著書を出した人が参加するケースもあります。来てくれた人にとって、本の世界を広げる空間になればいいと思っています」と鎌垣さん。

楽市の次回は、十一月に開催を予定している。第二回にあわせて、『こ・ら・ぼん』というフリーペーパーの創刊準備号も出した。楽市に来た人に高円寺の店にも訪れてもらえるような情報を載せていく方針だ。

「店の売り上げが伸びないという話を、どの店でも聞きますが、私は、お客さまのお金の使い方が変わったのではないかと思います。どうせ同じ額を出すのなら、愉しんで買いたいという意識があるんじゃないでしょうか。だから、店とは異なる場所やイベントを用意することで、『買いたい』という気持ちを引き出したい。そして、『ここに来てよかった』と満足していただきたいと思うんです」と原田さんは云う。

岡崎さんは「古本へのアレルギーが少なくなってきた」と話す。「最近出てきた古本屋さんは、いわゆるエロ本を排除してビジュアルな本を多く置いたり、内装を工夫したりして、女性客を意識した店づくりを行なっています。看板にしても、イラストを使ったりして、入りやすくなっているでしょう。個人商店だから、いいと思ったこと、面白いと感じたことをすぐに実現できる。そのことが、店主の自己表現や発信でもある。とくに中央線の古本屋には、そういう姿勢をつよく感じますね」。

新刊と古書、そしてプロとアマの「コラボ」が、本の世界をもっと自由に、もっと豊かにするきっかけになればいいと思う。

人でにぎわう街を取り戻したい——米子

―シャッター商店街を舞台に―

いつ見ても長いアーケードだなあ。

二〇〇八年九月二十七日の朝、ぼくは鳥取県米子市の商店街の入り口に立っていた。米子駅から大通りをまっすぐ行くと、右手に「元町サンロード」があり、そこから「本通り」、「笑い通り」と三つのアーケードが続いている。その長さは、約八百メートルにも達する。

しかし、それらのアーケードは昼でも薄暗く、夜になると照明すら点《つ》かず真っ暗になる。営業している店が少ないからだ。二〇〇七年のある調査によれば、三つの商店街の空き店舗率は三〇パーセントとあるが、印象ではもっとたくさん歯抜けになっている。エリアによっては、シャッターの下りた店ばかりが続いている。

外の風景がさえぎられるアーケードでは、営業中の店と通りを歩く人がないと、とたんに活気が失われる。街全体が瀕死の状態に見えてしまうのだ。こんなに長いアーケードだから、よけいに気が重くなる。

昔、といっても三十年前はこんなんじゃなかった。ぼくは隣の島根県出雲市の生まれだが、子どもの頃には米子が大都会に見えた。年に何度か両親に連れてきてもらった。夏の夜には「土曜夜市」があり、店舗の前に、食べ物やおもちゃなどの出店が並んでいた。

本通りに支店を持つ新刊書店〈今井書店〉の永井伸和さん（一九四二年生）によれば、「土曜夜市の日には、肩をぶつけながらでないと歩けないほどの人出でした。うちの店の前には中学生の自転車がズラーッと止まって、周囲の店にずいぶん叱られました。万引きも多かったけど、その分、売り上げもすごかった」と当時を振り返る。ちなみに、商店街における「土曜夜市」というイベントは一九五一年にこの米子ではじまったという。

米子の商店街が衰退に向かうのは、一九九〇年代。大型店の郊外への進出とそれに伴う中心部の空洞化、後継者不足など、地方都市に共通する理由からだった。

そんなシャッター商店街が、いつになく活気に満ちている。今日と明日、第二回「ＫＩＨＡＣＨＩ祭りＩＮ米子　ＤＡＲＡＺフェスタ２００８」という長ったらしい名前のイベントが行なわれるからだ。

　米子市出身の映画監督・岡本喜八の精神を受け継ごうというNPO喜八プロジェクトが中心となり、米子弁の「だらず」（バカ、アホという意味だが、肯定的なニュアンスもある）をタイトルに掲げている。

　いまいち判りにくいコンセプトだが、要はまあ、さびれた商店街を舞台にいろいろと遊んでみようという試みらしい。バンド演奏、写真コンテスト、アーケードでのトライアスロン、写真展などが行なわれる。岡本喜八の映画『日本のいちばん長い日』の上映もある。

　このDARAZフェスタに連動して、「戸板市」も行なわれる。五年前から二カ月に一度、アーケードで開催されているフリーマーケットで、閉店している店の前ならどこでも出店できる。ひとりのスペースは戸板一枚。これは、昔の市で店の木戸を陳列台として使っていたという風習にならっているそうだ。戸板に載るモノならなんでも売ってよく、古着や手づくり雑貨、米や野菜、餅や牛乳などの地産品など、さまざまなモノが並ぶ。戸板の上でマッサージ屋を開業する人がいたり、自分で書いて装丁もした郷土史本を売るおじいさんがいたりと、アナーキーな空間が出現している。

　このイベントを見に来た人が通常営業の店舗にも寄るので、商店街にも大歓迎されている。

この日の人通りはとくに多かったようで、店の人の「今日は忙しいがね」という声があちこちで聞こえた。

――「夢蔵プロジェクト」で街づくり――

本通りを北に向かって歩くと、出口のほうに〈青杏《せいあん》文庫〉がある。小さな店だが、ベストセラーや売れ筋の雑誌はほとんど置かず、『暮しの手帖』や『クウネル』などの生活系雑誌や単行本、エッセイ集、雑貨などを扱うセレクト・ブックショップだ。ここは前述した今井書店の本通り店だったが、二〇〇三年十二月にリニューアルしていまのカタチになった。

この青杏文庫の前を中心に今日一日行なわれるのが、「米子・まちなか一箱古本市」だ。これまで東京の谷中・根津・千駄木をはじめ、仙台、福岡、沖縄、鹿児島などで、その地域・条件に合ったやり方で「一箱古本市」が行なわれてきたが、山陰での開催はココが初めてだ。今回はぼくの出身地に近いということもあり、企画段階から相談を受けていた。

米子で「一箱古本市」をやろうと動いたのは、田中国彦さん（一九六二年生）、桝井《ますい》映志《てるゆき》さん（一九七一年生）、そして永井さんの三人だ。

女性向けの本を扱う〈青杏文庫〉の前でも古本を販売

「まちづくりプランナー」の肩書を持つ田中さんは、NPO法人「夢蔵プロジェクト」の事務局長だ。これは、二〇〇〇年に起きた鳥取県西部地震で被害を受けた旧加茂川沿いの白壁土蔵を修復し、地域の街づくりの拠点として再生させるという計画。「この旧加茂川沿いには、古くから米子の城下町として栄え、現在も白壁土蔵や歴史を感じさせる街並みが残っています」と田中さんは云う。一階はギャラリーとして使われ、二階にはいろんなヒトが集まって夜な夜な酒を飲みながら、さまざまな話が繰り広げられている。蔵じたいは二〇〇八年におおよその修復を終えたが、現在も整備を続けながら、街づくりの活動を行なっている。

桝井さんは山陰中央新報の記者で、田中さんへの取材がきっかけで、「夢蔵プロジェクト」に関わる

加茂川沿いに建つ築140年の「夢蔵」

ようになった。

「島根県浜田市の支局にいたころ、地元のまちづくりグループに入り、イベントの企画運営を経験させてもらい、面白かったので、米子でもそういうことをやりたいと前から思っていました」

― 日本中の出版人が大山に ―

また、永井さんが会長を務める今井書店は、一八七二年（明治五）に創業し、鳥取県と島根県に十数店舗を構える、随一の新刊書店チェーンである。創業の地・尾高町は夢蔵からすぐ近くにある。御典医だった初代・今井兼文は明治維新で禄を失い、漢書の販売をはじめた。のちには活版印刷業や出版も行なうようになっている（尾崎秀樹・宗武朝子編『日本の書店百年』青英舎、一九九二）。また、終戦後には、本店の一部を改造してギャラリー兼談話室を設け、講演会や講座を開催したという（永井伸和「〝本の学校〟への道」『日本古書通信』二〇〇九年二月号）。

しかし、今井書店の名前を全国に知らしめたのは、一九九五年から五年間開催した「本の学校・大山緑陰《だいせん》シンポジウム」だろう。国立公園大山の山中を舞台に、二泊三日で行なわれるこのシンポジウムには、版元、取次、書店などの出版関係者、図書館や学校の関係者、マスコミ、そして著者と読者など、本に関わる仕事に携わる人なら誰でも参加できるという開かれたもので、延べ二千人が参加した。

「朝の読書」「ブックスタート」などの読書推進運動は、ここで紹介されたことがきっかけで全国的な広がりを持った。第一部で触れた千駄木〈往来堂書店〉の安藤哲也さんは、このシンポで、鳥取市〈定有堂書店〉の奈良敏行さんの「街の本屋」論を聴いて、開店を決意している（このときの話は、奈良敏行・田中淳一郎『街の本屋はねむらない』アルメディア、一九九七、に収録されている）。インターネット上で著作権切れの文芸作品を公開していく「青空文庫」プロジェクトの開始が宣言されたのも、この場所だった。

ぼく自身も、一九九九年の第五回には、第五分科会「これからは私たちが本を作り、本を残す」にパネリストとして出席するとともに、神保町の〈書肆アクセス〉（二〇〇七年十一月に閉店）の協力を得てミニコミや電子出版の現物を集め、会場で販売するという試みを行なっている。新しいこと、開かれたことに向かって、一歩踏み出してみよう、そういう気分にさせられるシンポジウムだったのだ。

「大山緑陰シンポジウムは『地域から描く出版ビジョン』というテーマを持っていました。鳥取県では一九八七年に『ブックインとっとり'87』を行なっています。これは、読書の推進、市町村図書館の振興や地方出版活動の振興を目標とした『本の国体』でした。このときにつくった文芸書専門の模擬店舗は、のちに尾高町本店を文芸書専門店とすることにつながりました。また、私の祖父にあたる三代・今井兼文は、一九六〇年代に、ドイツの書籍業学校にならって日本にも書店人の学校をつくろうと提唱したひとりでした。私は、このシンポを通して、いずれは実体としての『本の学校』をつくりたいと考えていました」と永井さんは云う。

編集者の津野海太郎さんは、一九九五年に米子を訪れて、永井さんと会ったときのことを『『本の学校』に失われた私塾の伝統を見た」という文章に書いている（関川夏央・日下公人・奥本大三郎・森まゆみ・津野海太郎『品格なくして地域なし』晶文社、一九九六）。そのしめくくりには、次のようにある。

はじめて米子の街をおとずれて私はおどろいた。ウィークエンドだというのに町を散策する人びとのすがたがほとんどなかったからだ。繁華街にあれほど食いもの屋の少ない町というのもめずらしいのではないか。

ことほどさように、米子はさびしい町だった。もし五年後、予定どおりに「本の学校」が正式に発足すれば、この町に全国から若い出版人があつまってくる。若い人たちだけではなく、私のような古手の出版人もやってきて、かれらといっしょに、現在、本というメディアがかかえているさまざまな問題について、錆つきかけたからだを動かしながら考えることになる。そのことで町が一挙ににぎやかになるとは思えない。しかし、それによって日本の出版界に、これまでとはすこしちがう気風が生まれてくる可能性は大いにある。

この予想は半分当たり、半分は外れた。五年間の「大山緑陰シンポジウム」が終わった後も、東京、米子、そしてソウルで、出版シンポジウムが開かれた。二〇〇六年からは、東京国際ブックフェアの期間中に、「本の学校・出版産業シンポジウム」が毎年開催されている。そこでは、出版の現状や未来について、開かれた論議がなされている。

その一方で、永井さんの悲願だった実体としての「本の学校」は、いまだに姿を現してはいない。そして、米子は十四年前よりももっと「さびしい町」になっている。

二　本が思い出を甦らせる　二

米子初の一箱古本市が動き出したのは、二〇〇八年六月だった。『読書の腕前』（光文社新書）を出した岡崎武志さんが、出版文化産業振興財団（ＪＰＩＣ）主催の講座を米子で行なうことになり、そのゲストとして地元出身のぼくが呼ばれたのだ。その前夜、ぼくと岡崎さんが「夢蔵」に招かれ、酒を飲みながら、田中さんや永井さんたちと語り合った。田中さんはそのとき一箱古本市のことを聴いて、「町ににぎわいを取り戻し、新しい下町文化につなげることができるかもしれない」と考えたという。

しかし、一箱古本市が人口十五万人という規模の街で開催されるのは初めてのことだ。開催場所の確定に時間がかかり、告知から受付締め切りまでの期日が短かったこともあり、店主を集めるのには相当苦労したようだ。田中さんから「まだ応募が全然少ないです」という悲鳴のようなメールが来たこともあった。

結局、店主は十二人。一人で数箱出した人がいるので、合計二十四箱になった。ここの店舗の前に二箱、少し離れた店舗の前に二箱という具合に散らばって、十時に販売を開始した。「戸板市」の場所と少し離れていることもあり、最初のうちはあまり人通りがなかったが、しばらくすると、人の姿が多くなった。しかし、自転車に乗っている人たちはなかなか降りてくれない。中には乗ったまま箱を覗き込むヒトもいた。横着だなあ。

しょっぱなから「これ、いくらになる?」と値切られる。ぼくの箱（屋号は「古本けものみち」）では戦前の婦人雑誌の付録や海外の絵本を出していて、多くのヒトが手にとってくれたが、みんな値札を見て去っていった。他の箱はと覗きに行くと、どれも安い。文庫一冊が五十円とか、マンガが三十円とか。

最初のうちは苦戦していたが、そのうち話しかけてくれるヒトもいて、次第に売れ始める。ぼくの向かいで出店していた「ダンガラス・ホケホケ堂」のSさんは、客が手に取った本について、「この本は◎◎で話題になった」とか「著者は他にも◎◎という本でベストセラーを出した」と丁寧に説明して、よく売れていた。その隣の「りべりん堂」の松本薫さんは地元在住の小説家で、自作が映画化もされた。「売り上げより、いろんな人と会うのが目的」だと云い、積極的に話しかけていた。

「古書有古堂」の松田有泉さん（一九八四年生）は、なんと山口県の下関市から夜を徹して高速を飛ばしてきたという。彼はｕ－ｓｅｎのハンドルネームで、「正式の証明」というブログを書いている。仕事の傍ら、ネットで古書を売っているだけあり、一癖ある本ばかりだった（彼はこのしばらく後に上京し、「わめぞ」のメンバーとなる）。

いちばん驚いたのが、「忠信蔵」の箱だ。演劇や映画の本が多く、『美術手帖』や『別冊太陽』がタダみたいな値段で出ている。戦前のグラフ雑誌の合本もあった。なんでこんなにイイ本を？　と店主のNさん母娘に尋ねると、四年前に亡くなった息子さんの本だと云う。

「演劇をやっていたこともあり、本が好きな子でした。処分するのがしのびなくて取って置いたんですが、こういう機会に本好きの人の手に渡ればいいと思って」とお母さんは話

「息子の本はまだたくさん残っています」と語る「忠信蔵」のお母さん

す。数日前からそれらの本をめくって、息子さんのことを思い出していたという。終了は午後三時。店主はそれぞれ手ごたえがあったようで、次回があればまた参加すると云ってくれた。

本と人をつなぐ場所があれば、一箱古本市はドコでもできる。その思いを強くした秋の一日だった。

━ 本の「界隈」で起きていること ━

一箱古本市が開催された二カ月後、本通りの青杏文庫が閉店した。二〇〇八年三月に開店した今井書店の錦町店に、ほぼ同じ性格を持つ〈青杏＋《プラス》〉というセレクトショップ的なコーナーができたためだ。

空き家になったビルは改装され、「二十〜三十代の女性を主なターゲットにするカフェや洋服、生活雑貨などのショッピングストア」が新たに入ることになっている（日本海新聞、二〇〇八年十月十六日）。この再活用事業は、米子市の「中心市街地活性化基本計画」のひとつとして認定され、内装費などの補助も決まっている。

永井さんは、「五、六年前から、このシャッター通りで店を興す若い人たちが少しずつ増えています。その『点』をつないで『面』にしていく必要がある。このビルがその柱になってくれればいいと思います」と云う。

また、田中さんも「米子市商店街のアーケードは、どこも老朽化しており、一部で撤去工事を始めているところもあります。それとともに、もとの今井書店のビルのように商店街の核になる施設が整備されつつあります。そうやって、少しずつ次の時代に合わせた商店街へ変化しようとしています。将来的には、人が集い、にぎわう町として再生してほしいですね」と展望を語る。

そんな中で、米子での第二回「一箱古本市」が二〇〇九年十月末に開催されることになった。ここ数年行なわれていなかった「しょうじき村祭」が復活し、米子市観光協会や地元まちづくり団体が一緒になって、米子の下町を舞台にさまざまなイベントや行事が行なわれる。一箱古本市もその一環で、いまは「しょうじき村図書館」として山陰の出版物・ミニコミなどを置いている今井書店の尾高町本店の前や、「夢蔵」の前で、古本を販売する予定だ。

永井さんに一箱古本市の魅力は？　と訊くと、「地域のストリートで、さまざまな人が本を仲立ちにしたストーリーをつくることができることですね。それによって、読書の世界が共有されていけばいい」と、得意のダジャレを交えて答えてくれた。

「十年前と比べると、今井書店に限らず、出版業界全体に余裕がなくなっています。いまでは、既存の業界ではなくて、一般読者を含めた、本の『界隈』から、何かが起きはじめているような気がします」

今井書店と夢蔵、地域から文化を発信するふたつの拠点の前で、こんどは、どんな人たちが店主になって一箱古本市が開催されるのだろうか。

地域から世界へ、ネットからリアルへ——広島

——「空中一箱古本市」をやります！——

「広島で『空中一箱古本市』をやりますから、ぜひ来てください！」という誘いを受けて、広島駅に降り立ったのは二〇〇九年五月十六日のこと。「空中」って、どういう意味なんだろう？

広島は路面電車の街だ。市内を走っている路面電車が八系統もあり、大通り沿いにはあちこちに電停（停留所）があって、ドコからでも乗れる。しかも、市内ならドコまで行っても百五十円というのだ。乗り物の中から街の風景を眺めるのが好きなぼくには、たまらない。

広島に路面電車が走ったのは、一九一二年（大正元）のこと。その後、市民の足となった路面電車は、一九四五年（昭和二十）八月六日の原爆投下で甚大な被害を受けながらも、三

日目には一部で運転を再開したという。ほかの都市で路面電車が廃止されたあとも、広島の公共交通機関の主役であり、「車両数・輸送人員共に広電が断トツで全国一位」だという（小川裕夫編著『日本全国路面電車の旅』平凡社新書、二〇〇五）。

地元のヒトも、「自転車みたいな感覚で毎日乗ってます。バスも走っているけど、ほとんど乗ったことないですね」と云う。いや、バスの運賃だって、路面電車に合わせて百五十円と格安なのだが。

その路面電車に揺られて十五分ほど。広島の中心街である紙屋町（近くに原爆ドームや平和記念公園がある）から南に折れて、袋町という電停で降りる。その裏通りに入ったところにある〈市民交流プラザ〉が、今回のイベントの舞台だ。この建物では、この日から二日間「まちづくり市民交流フェスタ」として、展示や講座、ワークショップなどが行なわれている。一階のエントランスも、楽器演奏やマジック、フラダンスなどとにぎやかだ。

この建物は南棟と北棟に分かれており、その中間に〈袋町小学校平和資料館〉がある。広島に投下された原爆により、ここにあった袋町国民学校はほぼ全壊し、多くの児童・先生が被災した。その惨禍を記憶にとどめるため、市民交流プラザの建築時に、一部残っていた校舎を資料館にしたという。

〈市民交流プラザ〉の渡り廊下が古本市の会場になっている

この資料館の真上の四階には、南棟と北棟をつなぐ渡り廊下がある。この渡り廊下で行なわれるのが「空中一箱古本市」なのだ。会場に着くと、人々が行きかうその脇に古本を入れた段ボール箱が置かれていた。子どもが走り回ると、渡り廊下全体がゆっくりと揺れる。たしかに「空中」だ。

出店者は一日十箱ほど。五十メートルの長さにしては、この数はちょっと少ないかな、という印象。箱と箱との間隔がけっこうあり、イベントをやっているというインパクトが弱いせいか、通行人がなかなか立ち止まってくれない。だから、決してお客さんは多くなかったが、それでも、熱心に箱を覗き込むヒトがいた。「広島で古本市なんて珍しい。もっとたくさんの本を出してほしい」と云う初老の男性、何度も周回して悩んだあげく、大事そうに一冊を買っていった十代の女の子など。

店主はなぜか女性が多かった。「マツボックリ姉妹社」という屋号で参加した姉妹は、呉市で『甘茶手帖』というフリーペーパーを発行している。その告知を兼ねて出店した。品揃えは、小説・エッセイの単行本、文庫本、ガイドブック、芝居やコンサートのパンフなど。妹の黒星恵美子さん（一九六二年生）が以前編集していた『月刊カドカワ』のバックナンバーも並べた。

「これまで本や雑誌をつくったことはあるけど、売ったことはなかったので、売る立場が味わえてよかったです。お客さんによっては、全店舗をじっくり見て回っていた。年配の男性が地図本を買ってくれたり、子ども連れのお母さんが絵本を買ってくれたりと、本に年齢は関係ないんだな、と改めて思いました」と黒星さんは云う。

また、市内でライターや中国語翻訳の仕事をしている辰井昭子さん（一九七六年生）は、友人と「バラ色センチメンタル書店」として出店。

「クリエーターの本や、中国語の本、サスペンスなど、過去に自分と家族が読んだ素敵な本を、とにかく安価に売りました。みんなに読んでほしかったので。購入者には『綿の種』をプレゼントしました。個人的に綿栽培をしておりますので、みなさんにもこの楽しみを伝えたいと思ったからです。一箱古本市では、もっとマニアックなブースがあっても良いかもしれません。ぜんぜん売れそうにないけど、記憶に残るような箱があると楽しいですね」と辰井さん。

一日だけ参加の店主もいれば、二日とも張り付きの店主もいる。売り上げはそれほどでもなかったが、ほかの箱を覗きながら店主やスタッフと本の話をしたり、窓から差し込んでくる日差しに眠気を誘われたりと、思い思いの時間の過ごし方をしていた。

「本を世界に旅させる」活動

今回の一箱古本市を企画したのは、「お好み本ひろしま」なるグループだ。その母体となっているのが、「ブッククロッシング・ジャパン」である。

ブッククロッシングは二〇〇一年にアメリカでロン・ホーンベイカーと妻の香織が始めた、「本に世界を旅させる」活動だ。自分が読み終わった本に、番号を記入したステッカーを貼り、友人に手渡したり、カフェなどに設置された「ブッククロッシングゾーン」に置いておく。その本がいまドコにあるかをネットで調べることができるし、手に渡ったヒトの感想を読むこともできる、というしくみだ。現在、アメリカ、イギリス、ドイツ、フランス、シンガポールなど七カ国が正式に加盟し、世界各地の会員は七十七万人に達するという。会員が一度でも登録している国は百三十カ国にのぼる。

日本で最初に「ゾーン」となったのは、東京・中目黒にある古本屋〈ＣＯＷ　ＢＯＯＫＳ〉。店主の松浦弥太郎さんはエッセイストで『暮しの手帖』編集長でもある。しかし、日本での公式の団体は、なぜか広島にあるのだ。

代表の財津正人さん（一九六二年生）に、会場近くの〈カフェ　エスプレッシーボ〉でお話を聞いた。この店も「ゾーン」のひとつであり、壁面にはクロッシング用の本が並べられている。

――会員四千八百人、ゾーンは百八十カ所――

財津さんはすらっとした長身でホストがつとまりそうな優男だが、じつは関西弁の熱血漢だ。大阪府堺市で育ち、書籍の取次会社を経て、二十四歳でフランチャイズの新刊書店を開業した。しかし、郊外型書店の出店に押されて、八年後にその店を売却し、親戚のいる広島に引っ越してきた。そこではじめたのが、出版社に代わってその会社の出版物の営業を代行する仕事だった。出版社の多くは東京に集中しているため、経費の面でも時間の面でも、営業部員をひんぱんに地方に派遣することができない。そこで、その地域をフォローする営業代行に依頼するのだ。

それまで営業代行のギャランティは歩合制が主流で、そのため、売れない本を大量に書店に押し込み、あとでトラブルになるケースが多かった。財津さんはそれを定額制に変えることで、出版社と書店の両方から信頼を得た。そして、各地の在住者に依頼し、広島にいながら全国で営業代行のできるシステムをつくった。

財津さんがブッククロッシングを知ったのは、二〇〇六年に出た梅田望夫『ウェブ進化論』（ちくま新書）を読んでのことだ。そこには、次のように紹介されている。

ブッククロッシングとは、読み終えた本をカフェや駅などの公共空間に放置し、その本を偶然手にした人に読んでもらい、世界中を勝手に無償の図書館にしてしまおうという活動であり、これも広義の「オープンソース現象」と言える。（略）

システムの仕組みは、（1）まずブッククロッシングの会員になる（無料）、（2）同サイトでステッカーを入手し本に貼って公共空間に放置する、（３）本につけられたＩＤ番号ごとの情報を同サイトで管理する、つまりＩＤ番号をたよりに、その本をどんな人が読みどんな感想を持ったか、その本がどの場所を旅してきたかなどの記録を追跡できるかもしれない、というものだ。（略）

むろん放置された本を、ブッククロッシングの仕組みなど知らない人が持っていってしまったり、誰かが捨ててしまえばそれで終わりだが、この営みが世界中に知られていれば『世界が一つの大きな図書館に』なるという発想である。

このあと梅田氏は、「グーグル・ブックサーチ」のようにネット空間で完結するオープンソースと比べ、ブッククロッシングのように、リアル世界での「本の共有」をネットがサポートするというしくみが「燎原の火の如く世界を覆う波になる」ことはないだろう、と否定的に述べている。

しかし、財津さんはむしろ、ブッククロッシングがネットを入り口にしてのリアル世界での活動であるところが面白いと思ったという。

「どこかで人が直接会わなければ成立しないシステムであるところが、私の興味を引き立た

「ブッククロッシングゾーン」のあるカフェ

せました。ブッククロッシングが仮にネットでの活動がメインであるとしたら、関わりは持たなかったはずです」

財津さんは、自分でも参加したいと考え、アメリカの本部に連絡を取った。そして、運営プランを提出した上で、二〇〇七年五月に日本での公式サイトを立ち上げた。新聞やネットでそのことを知った広島在住の人たちが、財津さんに連絡を取り、運動に加わった。「お好み本ひろしま」は、これらのメンバーが中心となって結成されている。

日本では現在、会員が四千八百人、「ゾーン」が百八十カ所。ぼくも近所のカフェや横浜のライブハウスが「ゾーン」になっているのを見たことがある。本部のある広島の「ゾーン」は三十カ所と、さすがに多い。

―― 本を通して人と交流する ――

一箱古本市に興味を持ったきっかけは、二〇〇八年十一月に中国新聞主催の「読書フォーラム」で、フリーライターの岡崎武志さんが古本の魅力を語るのを聞いたことだった。財津さんの育った堺市近辺には〈天牛堺書店〉という古書と新刊を併売するチェーン店がある。また、自身で書店を経営していたときも、古物商の認可をとり、古本を販売していた。新刊書店関係者にありがちな、古本を別のものととらえる感覚はもともとなかったのだ。

さっそく翌月には岡崎さんを広島に招き、ブッククロッシング・ジャパン主催の講演会を行なった。そこで「一箱古本市」の話を聴き、年明けにはぼくのところに「話を聞きたい」と連絡があり、上京してきた。それが今回の「空中一箱古本市」につながった。とにかく動きの速いヒトなのだ。

しかし、本を無償で人に手渡すブッククロッシングと、自分で値段を付けて売る一箱古本市は、似て非なるものではないのか？　そんな疑問も湧く。これには、ぼく自身が「ゾーン」に並ぶ本の中に、持って帰りたいものを見つけられなかったということも関係しているかもしれない。

それに対して財津さんは、「本を二次利用するということでは同じだと思いますよ。どちらも、本を共有するという気持ちや本の面白さを伝えるための手段なんです。もっと、さまざまな本のルートがあるほうがいい。ページを開いてこそ、誰かに読まれてこその『本』なのですから」と答える。また、「両者ともネットを入り口として使いながら、ネット以外のリアルな要素が大半を占める活動だというのも、共通していると思います」とも云う。

スタッフの一人で会社員の加井夕子さん（一九七七年生）は、「私はこれまで本を読んだ感想を人に伝えたり、何かに書き残したりしなかったのですが、ブッククロッシングに関わってから、本の話を人にするようになりました。以前よりもゆっくりと理解して読もうと思うようになったと思います。ブッククロッシングも一箱古本市も、さまざまな本に出会う機会であり、本を通じて人と交流する場であることは、共通していると思います」と云う。

同じくスタッフの一人で、ゲーム会社に勤める津組《つぐみ》留美子さん（一九七四年生）は、両者の違いをこう指摘する。

「ブッククロッシングには、遠方の友人とたまーに本の貸し借りをしてるような感覚で参加しています。旅立たせた本への反応が薄くても『まぁ、そんなもんでしょ』くらいのクールな距離感を保っている気がします。自分のペースで気軽に参加できるのが魅力です。

一方、一箱古本市では、自分がつけた値段に納得して買ってくれる人が目の前にいるので、クールではいられず、熱くなってしまいます。お客さんと直に本について話せるのは楽しいです」

二つの活動は「本を身近にする」という点では共通しているが、その手段が違うし、その違いが楽しいのだと、スタッフは考えているようだ。

― 空中から路上へ ―

「お好み本ひろしま」は、二日間の「空中一箱古本市」をプレイベントとして、十一月七日、八日には、街を舞台にしての一箱古本市を計画している。場所は同じく袋町。近年「裏袋《うらぶくろ》」と呼ばれている一帯だ。「本通り商店街の南に並行する東西三百メートルほどの二本の通り。雑貨や飲食、ファッションなど小さいけれど個性的な店が多く並ぶ。古美術や和菓子といった伝統的な店も。名前の『裏』には、本通り商店街に近い隠れスポット的な意味が込められている」（中国新聞、二〇〇八年六月二十五日）。

いまや世界に展開している〈ユニクロ〉の一号店があったのも、この一角だという。このエリアで、レストラン、雑貨店、コンビニ、歯科などの店先を借りて一箱古本市を開催する。一日五十箱・二日間で百箱の参加を予定している。

このエリアにある店の数は約二百七十店。その三分の一で発足したのが、袋町「裏通り」活性化委員会だ（二〇〇七年に準備委員会発足、二〇〇八年に正式発足）。「繁華街のすぐ南に位置しながら通行量は本通りの10分の1という調査結果」に危機感を抱き、「裏通り」ににぎわいを呼び込もうと、クーポン付エリアマップの配布や街の落書き消しなどの活動を行なってきた（袋町「裏通り」活性化委員会サイト）。この活性化委員会が、「お好み本ひろしま」からの提案を受け入れ、一箱古本市が開催されることになった。

また、前述の松浦弥太郎、北尾トロ、岡崎武志など本に詳しい書き手や、広島出身で『告白』（双葉社）がベストセラーとなった作家の湊かなえらのトークショーも企画されている。

さらに、広島ならではの企画として、路面電車を借り切り、一日一往復の「古本電車」を運行する（広島駅―江波間）。一日目は「女子イベント」として、玉城ちはる、ゴトウイズミ（市内で〈ヲルガン座〉というライブ喫茶も営む）ら女性アーティストによるライブ、二日目は「男子イベント」として岡崎さんとぼくのトーク、広島在住の落語家・平々亭青馬の落語が行なわれる。

じつは「どうせなら、路面電車の中でイベントやりましょうよ」と提案したのはぼくなのだが、財津さんはその妄想をすぐに実現させてしまった。もっとも、都合で車内で古本を販売しないのはちょっと残念。

財津さんは市内の書店、図書館、古書組合にも提案し、それぞれにフェア・展示などの企画を出してもらった。その結果、十月下旬から十一月下旬までを「ひろしまぶっくでいず」なる広島発信の本の総合的なブックフェスティバルにつくり上げたのだ。

最初の年からココまで大きなイベントにしてしまうだけでも驚きだが、財津さんは「スポーツの発信は、野球・サッカーのプロチームがあるなど全国的にも有数ですし、音楽の世界でもかなりの人物を出している広島です。この先何十年か後には『本と文化の街　ひろしま』になればいいなと思います」という、さらに大きな夢を持っている。

ただし、現状はなかなか厳しく、資金もスタッフも不足気味。「実行委員ひとりひとりのこのイベントへの思い入れや考えはさまざまで、その違いを互いに理解するように意識していく必要があります。財津さんが一人で突っ走る傾向があるので、ついていけないという人もいます（笑）。それを調整するやり取りが、いちばん大変でした」と加井さんは云う。

11月には路面電車でのトークやライブも行なわれる

「その一方で、ウェブ経由でお客さまから、『お手伝いしたいです』『前から楽しみにしていました』『広島でこんなイベントがあるのが嬉しいです』などのメッセージをいただくと、頑張るぞという気持ちが改めてかたまります。一箱古本市の店主の申し込みも、いろんな屋号があり、その店主さんの顔をイメージしながら、当日お会いするのを楽しみにしています」

財津さんも、「前回の空中一箱古本市のとき、あるお客さんが、『本の持ち主の顔を見ることができるので、古本でも買う気になる』とおっしゃっていたのが、印象的でした。店主さんの人となりを目にして、その人が勧める本を読んでみたい気持ちが生まれる、対面でのコミュニケーションが一箱古本市の良さだと思います」と云う。

「世界中に本を旅させる」というブッククロッシングの

理念と、一箱古本市のイベント性が結びつくことで、広島中の本好きが集まり、つながっていくようになれば面白いと思う。

地域に密着しつつ、その活動をどのように世界的な動きとつなげていくか。ネットという手段を使いつつ、どこまで、お互いの「顔」が見える活動にしていけるか。それが今後の「お好み本ひろしま」に求められている。

本屋がないから、つくってみよう——追分・小布施

一 靴を脱いで上がる古本屋 一

以前のハナシだが、地方に旅行すると、まず中心街の新刊書店や古本屋を覗いたものだ。それらの本屋は小さくても伝統があり、独特の棚づくりをしている店が多かった。郷土に関する本を手に取りながら、常連客と店主の会話を横で聞いたり、店内に貼られた展覧会や映画館のチラシを眺めたりしていると、その土地の文化度（大げさな云い方だが）がおぼろげながら測れるような気がした。

ところが最近では、どこに行ってもそんな光景には出会えない。地元に密着した街中《まちなか》の新刊書店・古本屋は消え、代わって郊外に、チェーンの大型新刊書店やブックオフができている。人々は車でその店の駐車場に乗り付け、用事を済ませると、また車に乗って帰っていく。

以前とは比べ物にならないほど、本の量は増えたけど、そこには、その土地に住む人との一体感はない。

そんな時代に、あえて地方の、しかもこれまで本屋のなかった場所で店を開いた人たちがいる。

昨年の十一月下旬のある日、ぼくは「ふるほん」と染め抜かれたのれんの前に立っていた。高地なので、昼でも肌寒い。

ここは軽井沢追分。かつては宿場町として栄えた。現在は別荘が立ち並んでおり、観光のため訪れる客も多い。ぼく自身は大学の卒論合宿以来、二十年ぶりの訪問だ。その旧中山道に面した大きな木造一軒家が、「村の古本屋」を名乗る〈追分コロニー〉である。

入り口の横には均一本が箱に入れて置いてあり、「正直文庫」という看板が。野菜の無人販売のように、貯金箱にお金を入れるシステムだった。

引き戸を開けて中に入ると、土間がある。店には靴を脱いで上がるのだ。「冬は雪もあって、土足で店内に入られるとそこら中が濡れるし、湿気もひどくなる。それで靴を脱ぐようにしたんですが、かえってよかったですね。本に興味のないお客さんは上がらずに帰るし、いちど靴を脱いだお客さんは、『お邪魔します』という感じで入ってきてくれる。ゆっくりとくつろいでもらえるし、何かしら買って帰ってくださいます。もうひとつ、万引きもほとんどないんです」と云うのは、店主の斎藤尚宏さん（一九五六年生）。

宿屋のようなたたずまいの〈追分コロニー〉

尚宏さんが奥さんの祐子さん（一九五七年生）の出身地であるこの地で、古本屋をやることを決意したのは、二〇〇五年頃だった。当時、尚宏さんは銀行の投資セクションで働いていたが、軽井沢に所有している山小屋にネット回線を引いたのがきっかけで、オンラインで古本販売をはじめることにした。そのときから、将来的には実際の店舗を持ちたいと考えていた。

軽井沢は堀辰雄、室生犀星、立原道造、福永武彦らの文学者が暮らした土地であり、ゆかりの場所も多い。人口は一万五千人ほど。「本好きの人が多く住んでいるはずなのに、本屋は一軒もない。だから、本に飢えているはずだと思って、はじめることにしたんです」（尚宏さん）。

ちょうど、祐子さんの親戚が、旧中山道の景観を残しながら、江戸時代の宿場の建物を復元することを計画していた。そこを古本屋として使わせてもらうことになったのだ。

オンラインでの販売を行ないながら、東京で開催される古本屋開業講座やトーク、一箱古本市などのイベントに熱心に顔を出した。このときに知り合った人たちが、開店後にお客さんとして訪ねてきてくれることにつながる。店舗が開店したのは二〇〇六年八月で、その頃に古書組合にも加盟した。

―テーマはエコロジーとエコノミー―

店名の由来も、この場所に関係している。店の斜め前には堀辰雄文学記念館があり、隣には多くの文学者が滞在した油屋旅館（現在は廃業）がある。翻訳者の延原謙がこの旅館で「シャーロック・ホームズ」シリーズを完成させたという話もある（そのため、シャーロキアンが追分公園内にホームズ像を建てたそうだ）。

「立原道造は建築科の大学生だったときに書いた卒業論文で、追分に芸術家のコロニーをつくる構想を描いています。追分コロニーという店名はそこからつけました」と尚宏さん。たしかに、店内の棚には、軽井沢の歴史や文学に関する本が多く並んでいる。

靴を脱いで上がるので、滞在時間も長くなる

店のテーマは、「エコロジーとエコノミー」。前者は、動植物、天体、山、旅などから着物、芸術、音楽、俳句などへと派生していく。自然に囲まれた場所にいるという意識がそうさせるのか、古本に縁がなさそうな中高年が、この種の本をよく買ってくれるという。後者は、尚宏さん自身の興味でもあるが、「いまは経済というと悪い印象が強すぎますが、生活に関係する広くて深いテーマだということを伝えたくて」、古本の世界では探すのが難しい経済書を揃えるようにしている。

追分コロニーの営業は、春から秋にかけては週四日、冬は週末と祝日のみである。店舗の売り上げの不足は、ネット販売で補っているという。

「主力は別荘地の人、都会からの居住組、それから観光客ですね。保養・休暇を楽しむお客さんが多いので、客単価は高いほうだと思います。また、大半のお客さんが車でいらっしゃるので、大量に買っていかれる方が多い。都会ではまったく売れない文学全集が、ここでは時々売れます（笑）」（尚宏さん）

よく売れるのは海外文学や人文書、岩波文庫。イマドキの新刊ではなく、息の長い本がよく売れる。海外旅行に出かける資力を持った客が多いせいか、外国についての本は人気がある。いちばん売れないのは、日本の小説だとか。

また、女性客はこれまで古本屋に入ったこともない人が多く、動植物、着物、映画、音楽、俳句などの本がよく売れるという。また、児童文学や絵本も人気だ。「子どもに読ませるだけじゃなくて、懐かしくて手に取るという女性も多いです」（祐子さん）。どの世代もくまなく来るし、リピーターになってくれる率も高いそうだ。

壁には高い棚があり、内側にもたくさんの本棚が置かれている。しかし、天井が高いせいで意外に圧迫感はない。床が板張りなので、座り込んで本をめくるお客さんもいる。日常とは少しだけ違う空間に紛れ込んだような気分で、時を過ごす人が多いようだ。

二　田舎だからできること　二

奥に入ると、別荘の居間のようなスペースがあり、奥には薪《まき》ストーブもある。ここは通常、カフェとして営業している。

ぼくがやってきた目的でもあるのだが、この日は、古本関係の著書が多いフリーライターの岡崎武志さんによるトークが、このカフェで行なわれた。お客さんは十三人ほど。半分ぐらいが地元のお客さんで、残りはぼくの同行者や古本イベントでよく見る人たちだった。岡崎さんは土地柄を意識してか、水や樹木、蝶について書かれた本を紹介しながら、古本の楽しさを話していった。

それが終わると、近くの保養所に場所を移し、星の観察会が行なわれた。自然に関する企画としては、これまでに、野鳥イラストレーター・谷口高司さんによる「鳥の絵描き教室」とバード・ウォッチング、園芸教室などがある。

「山小屋みたいな場所でのトークや、自然環境を生かしてのイベントは、こういう土地でやるのにふさわしいと思います。珍しさに惹かれて、わざわざここまで来てくれた人が、古本屋のお客さんにもなってくれることが多いです」と祐子さんは云う。

二〇〇八年五月四日には、古本好きとして知られるテレビ・ディレクターの河内紀《かわちかなめ》さんを迎え、「古本・ジャズ・ラジオ」という題で話してもらった。その後も、春と秋にさまざまなイベントを行なっている。

この家には二階もあり、そこには仕入れた本が大量に置かれていた。その中には、鳥や経済に関するコレクションも含まれている。貴重な本も多いので、目録をつくって販売するか、予約制の図書館みたいにして必要とする人に活用してもらうことを考えているという。

「都会に比べると、田舎は圧倒的に安く広いスペースを持つことができます。だから、私は古本屋をやるにはじつは田舎のほうが向いていると思っているんです。以前、イギリスに旅行したときも、あちこちの田舎に古本屋があり、地元のお客さんとインターネットでの販売をうまく組み合わせて営業していました。私たちがやっていることが、これからの古本屋のモデルのひとつになればいいと思っています」と、尚宏さんは云う。

誰もが斎藤さん夫妻と同じように思い切ったコトをできるわけでもないし、軽井沢という土地柄だから成り立ったということもあるだろう。田舎暮らしには、独特のしがらみもつきまとう。

しかし、ネットの普及や送料コストの低下、Uターン・Iターン人口の増加などを背景に、いま、あえて地方で本屋をつくることには、可能性がある。追分コロニーみたいな本屋が、もっといろんな土地にできてほしい。均質化・画一化してしまったように見える日本に、多様性を取り戻すためにも、本屋は絶対に必要な存在なのだから。

―新しい図書館の前で一箱古本市―

二〇〇九年九月五日、六日の二日間、長野県の小布施《おぶせ》町で「まちとしょテラソ市」が開催された。〈まちとしょテラソ〉は、七月十七日にオープンした新しい町立図書館。小学校の校庭と役場の近接地にあり、なだらかな屋根をもった一フロアの建物だ。内部も閲覧席が多く、ゆったりとした造りになっている。この建物のひさしの下のスペースを使って「一箱古本市」が行なわれたのだ。

出店者は二日間で二十二箱。半分が地元の人で、あとは長野や東京、千葉、神奈川から参加した。りんご栽培が盛んな土地柄らしく、農家さんからリンゴの木箱を借り、その中に本を並べて開催した。「國光」「印度」「デリシャス」など、りんごの商標が残っている。二日

なだらかなフォルムの「まちとしょテラソ」。隣は小学校のグラウンド

間とも雨が降らなかったのはよかったが、つよい日光からの木陰を求めて、しばしば箱を移動させなければならなかった。

「ウチにたくさんあるから」とマンガばかりを持ってきた地元の女性や、本とCDを「三点で千円均一」で売る箱など、さまざまな箱が並ぶ。図書館の利用者に子どもとその家族が多いため、売れ線はやはり絵本で、東京から参加した「モンガ堂」や「ドンベーブックス」などは、途中から絵本を目立つ位置に置いてアピールしていた。

異彩を放ったのは、「廣角堂」という箱だ。箱の側面は、黄表紙（?）のページで覆われている（コピーかと思ったら、現物の反故《ほご》なのだという）。そして、箱の中身は和本ばかり！　刊本だけでなく、江戸時代の書類綴までである。朝から、地元のインテリっぽいお爺さんたちがこの箱の前で談笑している。他の箱を回ってきた若い男性が「なんか、ここだけ妖怪が出てきそうですね……」とつぶやいていた。店主の小林暢雄さん（一九四四年生）は、地元で同名の印刷会社を営む。古書目録の印刷を引き受けていることもあり、東京の古書会館などに通って和本を集めてきたという。

本のあるところには多くの子どもたちが集まる

この日、「鈍行堂」の屋号で息子さんと一緒に箱を出した、追分コロニーの斎藤尚宏さんは、このイベントのきっかけをつくった一人だった。小布施では毎年四月、玄照寺で「境内アート小布施」というイベントを行なっている。もともとは種や苗を売る「苗市」だったが、二〇〇四年から陶芸、絵画、写真、ガラス工芸、インスタレーションなど、アーティストの作品を展示するようになっている。二〇〇九年のこのイベントに、追分コロニーは、北軽井沢で土日だけ営業するブックカフェ〈麦小舎〉と組んで、古本とコーヒーのブースを出した。

「思ったよりもブースの数も人出も多いので、驚きました。小布施には新刊書店も古本屋もないというので、多くのお客さんが集まってくれました。古本屋が集まって行なう古書市は本との出会いを楽しむ場というよりは、百円均一などの安い本だけを買おうと眼をぎらつかせている人がたくさんいる感じになりがちです。この日のお客さんが本を楽しむ光景は、本当に対照的でした」と斎藤さんは云う。

このとき、斎藤さん夫妻に話しかけたのが、新しい図書館の館長である花井裕一郎さん（一九六二年生）と、同館建設運営委員長の木下豊さん（一九五九年生）だった。斎藤さんは、彼らから「本を愛する場所をつくろうとする情熱」を感じ、不忍ブックストリートの一箱古本市について話した。それが実現につながったのだ。

六月頃、図書館に来て話を聞かせてほしいといわれ、ぼくは小布施を初めて訪れた。この町について知っていたのは、晩年に北斎が訪れた地であることと、栗が有名だということぐらい。長野駅で新幹線から長野電鉄に乗り換え、約三十分ほどで小布施に着く。駅前はごく普通の、さびれた田舎町という感じだが、十分ほど歩くと、やたらと人が多い通りに出る。北斎の肉筆画などを展示する〈北斎館〉をはじめ〈現代中国美術館〉〈おぶせミュージアム・中島千波館〉などの美術館や、栗菓子屋、レストランなどがこの一帯に集中しているのだ。北斎を小布施に呼び、自身も画家や文人として活動した豪商・高井鴻山の記念館は、この地に、文化への協力を惜しまない「パトロン」の伝統があったことをうかがわせ、興味深い。高井鴻山は、高橋克彦の『北斎殺人事件』（講談社文庫）でも重要な役割で登場している。

また、歩いていると、あちこちの家に「Welcome to My Garden」という案内板が立っているのを目にする。これは「オープン・ガーデン」といって、自宅の庭を観賞用に開放しているのだ。町内に百カ所もあるという。外に向かって町を開いていこうという姿勢が感じられる。

― 住民の手でつくった図書館 ―

小布施がこのように開かれた町になったのは、三十年ほど前からの取り組みがあったからだ。その中心になったのが、栗菓子屋〈小布施堂〉社長の市村次夫氏（一九四八年生）。高井鴻山の家業だった〈桝一市村酒造場〉の十七代でもある。古くからの町並みを生かしながら、人が集まる施設を中心部に集めていくとともに、「小布施ッション」というサロンを舞台に、住民主導によるさまざまなイベントを実現させていった（鈴木輝隆『ろーかるでざいんのおとあの人が面白いあのまちが面白い』全国林業改良普及協会、二〇〇五）。

新しい図書館も、行政主導ではなく、住民の手によって推進されてできたものだ。これまでの図書館は町役場の三階にあり、手狭となっていた。そこで、二〇〇七年に、町民の議論をまとめた「図書館のあり方検討会報告書」が作成された。

この報告書は、「交流と創造を楽しむ、文化の拠点」という理念を掲げ、それを支える四つの柱「学びの場」「子育ての場」「交流の場」「情報発信の場」の機能を持つ、利用者本位の施設になることを目指している。そして、公募で集まった五十数人の住民が「図書館建設運営委員会」を発足させた。小布施で、文屋《ぶんや》という出版社を営む木下さんが委員長となった。それから二年間かけて、図書館の設計者、館長、そして愛称までをも、全国公募で決定した（「テラソくん」なるアニメっぽいキャラクターも生まれた）。地元の人たちの意見を尊重しながら、外の風も取り込むというのが、小布施流なのかもしれない。

ちなみに、「まちとしょテラソ」という愛称は、旧図書館が「町図書」の愛称で親しまれていたこと、図書館から町じゅうを照らそうという願いを込めて、採用されたという。旧図書館からの蔵書の引っ越しは、小学校の図書委員などを含む、多くの町民の手で行なわれた。館長の花井さんは、もとはテレビやビデオなどの演出家だった。その取材で訪れた小布施に惹かれ、この地に家族で移住した。そして、公募の中から館長に選ばれたのだ。

「就任してからすぐに行なったことは、町民のみなさんからご意見を直にうかがうことでした。小学生、音訳ボランティア団体や史料調査会等、さまざまな方々と図書館についてのお話をさせていただきました。そして図書館を研究されている大学教授や研究家、図書館関係者にも積極的にお会いしました」。国立情報学研究所で「Ｗｅｂｃａｔ　Ｐｌｕｓ」「想・ＩＭＡＧＩＮＥ」などの連想検索のしくみをつくり、神田神保町の古書店のデータベース化にも取り組んでいる高野明彦教授（一九五六年生）にも話を聞き、「図書館づくり勉強会」で講演してもらった。

「私は、この図書館をいわゆる『無料貸本屋』から脱却させ、複合施設化による多角的な図書館として運営したいと考えています。図書を読む・見る・聴くという行為は、『未知の知』と出会い、『交流』をすることだと思います。『交流』を人との交流に限定せずに、地を含むすべてのものごととの出会いだと考えることによって、『図書館＝集う場』を中心に『図書』、『企画』、『小布施の文化資料』が循環する。そして、その潤滑油として、『ワクワク』することが必要だと考えたんです。一箱古本市のハナシを聞いたとき、これでワクワクできると思いました」と花井さんは云う。

―― 町じゅうに本があふれる日 ――

この図書館は駅からは近いが、北斎館など観光客が集まるコースからはかなり遠い。また、準備まで二カ月しかなかったこともあり、告知が行きとどかなかった面もある。そのため、図書館に来る人がついでに一箱古本市を覗くというかたちになった。箱の数も、他の地域で行なった際に比べると少なく、わざわざやってきた人はちょっと拍子抜けしたかもしれない。

しかし、いちおうアドバイザーとしての責任を感じている、そんなぼくの思いと関係なく、店主の皆さんは、初めての本屋さんごっこを十分に楽しんでいた。ぼくの隣で、〈吉田苑〉という屋号で『長野県史』の揃いなど郷土資料を並べていた男性は、「ぜんぜん売れないねえ」と嘆きつつ、ホワイトボードにオススメ本を書いたり、箱の中に旗を立てたりという工夫をしていた。そして、「せっかく面白いイベントなんだから、続いていくといいね。次は、もっと他の場所でもやるほうがいいよ」と、早くも次回に意欲を燃やしていた。また、ある女性店主は、「本を選ぶときに、もういちど読んじゃうんだよねえ」とニコニコしていた。お客さんにも、「この本おもしろい？」「あなたのオススメを買うから教えて」などと話しかけてくる人が多く、読書が根付いている町だという印象を持った。

一日目の終わりには、駅に隣接した〈六斎舎〉というスペース（数年前までこの場所に町で唯一の書店があったという）で、店主・スタッフの交流会があり、ビールや地元のワインを飲みながら、口々に感想を云い合った。この日の売り上げ金額一位は、なんと和本尽くしの「廣角堂」さんで、一万二千円も売れたという。ナカでも、小学六年生の男の子が『高等小學全科詳解　第二學年　後期』という明治期の教科書を、「絵を描く参考にしたいから」と二千円で買っていったことで、「あの子は、ユースホステルの息子さんだよ」「こんな子がいるなんて、小布施の未来は明るい」などと盛り上がった。

この席で花井さんが「小布施には『おっつけ』という言葉があります。こういう席で全員が揃うまで待たずに、いる人でとりあえずはじめ、全員揃ってから乾杯をすればいいという意味です」と云うのを聴き、なるほど、と思った。いいと思えることがあったら、まずスタートさせる。続けていくうちに、いずれ結果はついてくる……。この町の人たちは、きわめて前向きであり、と同時に、やたらと粘り強いのだ。実際、この席でも議論百出で、すでにみんなの目が「次」に向いていているようだった。

小布施町の人口は約一万二千人。今回の一箱古本市は、これまででいちばん小さな町での開催なのだ。しかし、この最小の一箱古本市は、都会型のイベントに慣れていたぼくに、大事なことを教えてくれた。規模や人出で判断するのではなく、参加した人がそのことを楽しんでくれることが、この先続けていくための「鍵」なのだ。

花井館長は、「まちとしょテラソ」を基地としながら、さまざまな施設にジャンルやテーマごとの本を置き、町じゅうを図書館に見立てる構想も持っている。それらのスポットをつなぎ、その前で住民が古本を販売する。図書館に来た人が箱を覗き、古本目当ての人が図書館に立ち寄る。町じゅうでそんな光景が見られるようになったとき、新刊書店や古本屋がなくても、小布施は豊かな本の町になっているだろう。

「本の町」の可能性を探る——高遠

一　小さな城下町が人で埋まる　一

二〇〇九年八月二十九日、朝七時に新宿を出たバスは、中央高速の渋滞に巻き込まれ、十二時近くに目的地に到着した。ここは、長野県伊那市高遠町《たかとおまち》。今日と明日の二日間、ここで第一回「高遠ブックフェスティバル」が開催されるのだ。バスを降りると、強い日差しが照りつけてくる。勝手に涼しい土地だと思い込んでいたが、このあたりは中央アルプスなどの山々に周りを囲まれた盆地だった。

高遠町は人口七千人の小さな城下町で、二〇〇六年三月に伊那市に合併されている。JRの駅は伊那市にしかなく、車で行くにしても東京から三時間かかる。しかも、この七月末で新宿—高遠直通の定期バスは廃止されており、ぼくが乗ったのは、ブックフェスティバル用

白壁の通りに本棚が出現。道行く人が立ち止まって本を手に取る

のツアーバスだ。

　交通の便がいいとは決していえないこの高遠の街中は、この日は人で溢《あふ》れていた。川沿いに設置された駐車場はほぼ一杯で、旅館や土産物屋の並ぶ通りには、フェスティバルのリーフレットを見て次はどこに行こうかと相談しているカップルや、道沿いに設置された本棚から絵本を開いて子どもに見せる母親など、さまざまな世代の人々がいた。高遠では毎年四月に「高遠さくら祭り」が開催され、多くの人が訪れるが、街中からちょっと離れた高遠城址が会場のため、街中への人出はあんがい少ないという。それに比べると今日はすごくにぎやかだと、立ち寄った店の主人が話していた。

　今回のブックフェスティバルでは、協賛イベントも含め、三十五もの企画を開催する。角田光代、いしいしんじというメジャーな作家や、写真家・編集者の都築響一、写真評論家の飯沢耕太郎といったカルトな人気を持つ書き手のトーク、世界の「本の町」を紹介する展示、ポエトリーリーディング、百人一首大会、コンサートなど。街角のあちこちに古本の本棚が置かれ、空き店舗には長野、東京、愛知、金沢から古本屋が出張して即売展が開かれる。

　高遠町の施設である〈やますそ〉には本部が置かれ、トークや展示の会場や食堂となった。このやますそは、三十日に行なわれた衆議院議員選挙の投票所になっており、投票しにやって来た地元の人と、カレーを求めて並ぶ人が同じフロアを行き来する光景が見られた。また、高遠図書館の前の広場では、音楽がガンガン流れるなかに休憩所があり、食べ物の屋台が並んでいる。図書館の二階では吉祥寺の絵本書店〈トムズボックス〉が出張販売し、夜になると、一階の閲覧室でコンサートが行なわれるというように、公共の施設を使いまくっている。町ぐるみでこのイベントに協力している様子がうかがえる。

「こどもブックリサイクル」の売り上げは、学校図書館を充実させるために使われる

　また、この二日間は子どもたちの姿をじつによく見かけた。図書館前の広場では、絵本作家のスズキ

コージが子どもたちと一緒に巨大なロボット山車《だし》をつくり、翌日は全員がお面を付けて、町じゅうを練り歩いた。また、古本の売り上げで学校図書館を充実させようという「こどもブックリサイクル」も行なわれた。

「高遠こどもしんぶん」は、十二人の子どもがカメラとメモ帳を持ってイベントを取材し、新聞にまとめるもの。昼間にやますそに設置された編集部を覗いたら、男の子たちがゲームで遊んでいたので大丈夫かと思ったが、シンポジウムのときに無事できあがった新聞を配布。写真もレポートもしっかり入った、八ページの立派なものだった。

── ユニークな企画が満載 ──

ほかにも、このフェスティバルにはユニークな企画が多い。高遠や本に関するクイズにチャレンジする「高遠縦断妄想クイズ」では、ヒントを求めて町じゅうを歩く参加者が多くみられたし、何カ所かに設置された「ブックスポット」は、休憩所でもあり、一人でじっくりと本を読む場所としても使われていた。なぜか、ヤギがつながれているスポットもあった。

愛知のオンライン古書店〈五つ葉文庫〉は、書き込みやメモがはさまった「痕跡本」を展示するとともに、参加者を引き連れてフェスティバルの会場で痕跡本を探すツアーを行なった。五つ葉文庫の古沢和宏さん（一九七九年生）は、参加者の反応についてこう話す。

「『あてずっぽで探して、痕跡本は見つかるのか？』という不安を持っていたのですが、いざ始めてみると思った以上に大漁となりました。たとえば、海外マンガの見開き部分に漫画タッチで描かれた感想文とか、正誤表にさらに間違いが追加で書き足されている本などを見つけてくれました。ある参加者が最後に『こんな見方で本を探したことはいままでなかったから、新鮮ですごく楽しかった』と云ってくださったのが、嬉しかったです」

高遠ブックフェスティバルのリーフレット

このように高遠ブックフェスティバルでは、「一箱古本市」のように古本の販売をメインに据えるのではなく、むしろ本を町中の風景に溶け込ませることによって、幅広い人たちが楽しめるイベントになったと云える。

ぼくは伊那市のホテルに泊まったた

め、八時すぎには高遠を離れねばならなかったが、初日の夜にも、トークなどのイベントがあり、遅くまで盛り上がったという。そして、二日目の午後には「本の町シンポジウム」（パネリストは北尾トロ、角田光代、小布施堂の市村次夫、駿河台大学の熊田俊郎。司会はフリーライターの永江朗）が行なわれ、百五十人もの聴き手が集まった。こうして、町じゅうに本があり、誰もが本の話をしているという二日間は終わった。

二　いざ、オンラインから実店舗へ　二

「高遠を『本の町』にしよう」と云いだしたのは、ライターの北尾トロさん（一九五八年生）だった。しかし、その発言にいたるまでには、けっこう長い前史がある。

一九九九年十月、北尾さんはオンライン古書店〈杉並北尾堂〉をオープン。それまでも、ミニコミ『廃本研究』などの個人出版を行なうなど、本の世界で遊んできた北尾さんにとって、ネットで本を売ることはワクワクする試みだった。当時はまだ、個人によるオンライン古書店の数は少なく、普通の古本屋が扱わないヘンな本ばかりで、店主の生活が垣間見られる日記を載せた北尾さんのサイトは人気があった。

この体験を綴った『ぼくはオンライン古本屋のおやじさん』（風塵社、二〇〇〇。のち、ちくま文庫）を読んで、自分でもオンライン販売をはじめた人は多い。また、二〇〇〇年には西荻窪のカフェ〈サパナ〉で期間限定のブックカフェを開催、二〇〇二年には〈高円寺文庫センター〉に北尾堂の出張棚を設置、という試みを経て、オンラインではなく実店舗を持ってみたい思いが募っていた。

その北尾さんの周りに、同じ頃にオンライン古書店をはじめた人たちが集まり、情報交換をはじめる。この中には、のちに中目黒で〈ユトレヒト〉を開く江口宏志さんや、現在は表参道に実店舗を構える〈オヨヨ書林〉の山崎有邦さんもいた。会場はだいたい西荻窪の〈ハートランド〉。斉木博司さん（一九六〇年生）が一九九七年に開いた店で、いわゆる「ブックカフェ」の走りと云われている。十五坪ほどの店だが、読書会やトークを行ない、『ポエトリー・カレンダー』というポエトリー・リーディングの情報紙を発行していたこともあり、さまざまなヒトがこの店に集まっていた。

彼らの雑談からは多くのアイデアが生まれた。二〇〇一年には、プロの古本屋に混じって府中伊勢丹古本市に参戦。二〇〇二年には、渋谷パルコ地下の〈ロゴスギャラリー〉で「オンライン古書店主顔見世興行」を開催。翌年にも開催され、会期中に行なった「オンライン古本屋の作り方」という講座には百人以上の参加者があった。そして三回となる二〇〇四年は、「新世紀書店」と銘打ち、さまざまなアイデアを盛り込んだ実験店舗とした。

そして、二〇〇五年、北尾さんと斉木さんにとって、決定的となる出会いがあった。「本の町」として知られるイギリスのヘイ・オン・ワイを訪れ、創始者にして「王様」のリチャード・ブースに会ったのだ。

ヘイ・オン・ワイは、イングランドとの国境近くにあるウェールズの町で、ロンドンからは六時間近くかかる。人口は約千四百人で、周辺は農村である。その田舎町に三十軒ほどの古本屋があり、多くの観光客が訪れている。リチャード・ブースは一九六二年、少年期を過ごしたこの町に一軒の古本屋を開き、その後も店舗を増やしていった。また、住民に呼びかけて町の各地で古書店を開かせた。お城を買い取ってそこを古本屋にしたり、イギリスからの独立宣言を行なうといったブースの奇矯な言動も話題になった。

ヘイ・オン・ワイが本の町として知られるようになると、それをモデルにした町づくりが行なわれるようになり、ベルギーのルデュをはじめ、スコットランド、オランダ、ルクセンブルク、フランス、イタリア、ドイツ、ノルウェー、フィンランド、スウェーデン、アメリカ、カナダ、マレーシアなどに、「ブックタウン」を宣言している町がある（大内田鶴子・熊田俊郎・小山騰・藤田弘夫編『神田神保町とヘイ・オン・ワイ』東信堂、二〇〇八）。ブースは一九九八年に、世界中の「本の町」に君臨する「本の町の皇帝」に認定されている（リチャード・ブース著、東眞理子訳『本の国の王様』創元社、二〇〇二）。

北尾さんと斉木さんは、ブースに「謁見《えっけん》」し、いつか日本にも「本の町」をつくりたいと伝える。寛大にもブースは「日本と太平洋の島々を任せよう」と云ってくれた。

「『新世紀書店』をやってみて、もし、こんな書店が東京ではなくて田舎にあったら面白いのに、と思ったんです。立地や流通を考えると、できっこないという結論が当然ですが、それじゃ、つまらない。ブースに会って、本当にできっこないかを試してみたくなったんです。迷ったときには『やる』のがぼくの方針ですから」と北尾さんは云う。

日本に帰った北尾さんたちは、さっそく動き出す。「本の町」構想に賛同したオンライン古書店の仲間たちも一緒になって、場所を探しはじめた。

最初に見つかったのは、神奈川県の藤野町だった。廃校になる予定の小学校を拠点にして、「本の町」をつくろうと考えたが、その学校が借りられないことやエリアが広すぎること、さらに藤野町が相模原市と合併したことなどから、断念した。

次に見つかったのが、この高遠だ。江戸時代に旅籠《はたご》だった古民家が賃貸に出されていること

江戸時代の古民家を古本屋にした〈高遠　長藤文庫〉

とを、オンライン古書店〈古書月影〉の大塚清夫さん（一九五六年生）がインターネットで見つけ、メンバー六人で見学に行った。そして、この場所ではじめようということになり、二〇〇七年七月に〈高遠　本の家〉として営業を開始した。各自が本を持ち寄って共同で運営し、大塚さんが住み込んで店の面倒をみることになった。「また新しい遊びを発見した気分でした」と北尾さんは云う。

　しかし、翌年には早くも危機が起こった。町の中心部、バス停の真正面という好位置にある空き店舗（もとは新刊書店だったそうだ）を貸してくれるという地元の人が現れ、せっかくはじめたこの場所を維持することに力を入れたいという大塚さんたちと、「本の町」をつくるためにはもう一軒あったほうがいいという北尾さん・斉木さんたちとの間に亀裂が入ったのだ。激論の末、メンバーは二つに分かれ、本の家という名前は新しい店が使うことになり、元の店は〈高遠　長藤《おさふじ》文庫〉という名前に変わった。

「私は地方で『本の町』を標榜するからには、最低でもそこに居住し、住民票を移し、地域の行事にはできるだけ参加する、というスタンスを取ろうと決めていました。しかし、ほかのメンバーはこの場所をあくまで暫定的、実験的なものと考えていたようでした。『本の町』を高遠全域として捉えるか、町の中心街に限定するかという意識の違いもありました」と大塚さんは云う。残念ながら、現在でもそのしこりが残り、長藤文庫は今回のブックフェスティバルには参加していない。

ブックフェスティバルの中心となった〈本の家〉

　ともあれ、二〇〇八年五月に新しい〈本の家〉がオープンした。四十坪ほどの店内には、ギャラリーやカフェのスペースがあり、本を見ながら時間を過ごすことができる。斉木さんはハートランドを閉店し、この地に移住した。西荻窪の古本屋で働いていた李《イ》早苗《チョミョ》さん（一九六八年生）と一緒にこの店を運営する。北尾さんは東京に住んだままで、本の補充や広報などを行なっている。

―「ブックツーリズム」という発想―

高遠でブックフェスティバルを開催する構想が生まれたのは、二〇〇八年の秋頃。「地元の人に『本の町』という考え方を伝え、一緒につくっていくための第一歩として、本の売買だけではなく、いろいろな側面から本の持つ魅力を感じてもらうイベントができないかと考えました」と斉木さんは云う。

北尾さんは「ヘイ・オン・ワイに行って思ったのは、本屋だけあっても町として機能しないということです。おいしいパン屋があって、気持ちのいい宿がある。そこに夫婦でやって来て、旦那が古本屋巡りをしているあいだに、奥さんが山登りをするというように、いろんな楽しみ方がある。本好きの人たちがここに滞在することを目的にやってくるようになるといい。それを『ブックツーリズム』と名付けてみたんです」と云う。

やがて、この趣旨に賛同した地元の人たちや、「新世紀書店」などのイベントに関わった人たちが本の家に集まって、話し合いを持つようになった。

高遠の隣町の美篶の、〈美篶堂《みすずどう》〉という製本工場の工場長・上島《かみじま》真一さん（一九六五年生）

も、この話し合いに参加した一人だ。美篶堂は手製本によるオリジナルのノートや豆本で知られ、二〇〇三年には神保町にギャラリーを開いている。本の家のオープニングでも、美篶堂の作品展を開催した。

「最初はヘイ・オン・ワイの話を聞いてもイメージが湧かなかったんですが、話を聞くうちに面白いと思うようになりました。今回のブックフェスティバルでは、〈ギャラリーみなとや〉さんで作品を展示するとともに、二日間かけて文庫本を装丁するワークショップも行ないました。地元の人やお店の反応も、よかったと思います。今後は、フェスティバルのようなイベントだけじゃなくて、『本の町』に興味を持ってくれる人たちに向けて、日常的な活動をしていきたいと思います」と上島さんは云う。

そういえば、この二日間は、どこを歩いていても、お揃いの緑のTシャツを着た男女に出会った。彼らはこのフェスティバルで、ボランティアのスタッフとしてさまざまな役目を果たしている。その数は百人以上にのぼるという。町のあちこちに、大小さまざまな看板や表示があったが、これも彼らの手になるものだ。スタッフの連絡先を把握し、どこに配置するかというシフトをつくったのが、伊那市に住む北原辰也さん（一九七六年生）だ。

「去年の十二月に伊那市の図書館で、『本の町をつくりたい』というチラシを見て、地元で面白そうなことが起こるんだなと思いました。本格的に動き出したのは、今年春からですが、ミーティングのたびに新しい人が増える感じでした。スタッフの半分は県内の人で、大学生や教員もいます。地元の人たちは、決してNOを出さずに、温かく見守ってくれました。地域に向けた説明会を行なったときに、『多少迷惑かけてもいいから、思いっきりやってくれ』と云ってくれる人もいて、嬉しかったですね」

駐車場には、地元の人たちが屋台を出し、有機野菜や果物、パンなどを売っている。「本の町」ということを意識しなくても、このイベントを存分に楽しんでいるようだった。

二　本の世界を「拡張」させる　二

二日間のイベントは盛り上がった。さまざまな企画も成功した。でも、肝心の本が少なかったんじゃないか、という声もある。シンポジウムのパネリストで駿河台大学教授の熊田俊郎さん（一九五六年生）は、ヘイ・オン・ワイと比較して、「わざわざ遠くから来た人が満足するには、本の量が少なかったのでは？」と発言していた。たしかに、いわゆる古本マニアや、各地の古本市に足を運んでいる人からすると、じっさいに手に取って買える本が少ないという印象を受けただろう。
しかし、ヘイ・オン・ワイも、本の量こそスゴイが、そこで扱っているのは貴重書というよりは、ごく普通の古本がほとんどらしい。値段にプレミアの付く「レアブックス」と定価より安く売られる「セカンドハンド」という、古書の二分法で云えば、ヘイにあるのは圧倒的に後者だ（古書収集家として知られる海外文学者は、ヘイやルデュにある本はクズばかりだとまで極言している）。北尾さんは次のように書く。

本の町という呼称から、ついマニアックなイメージを抱いていたが、ヘイ・オン・ワイは古書マニアに頼るつもりもなければ頼っているわけでもなく、ごく一般のちょっと活字が好きな人たちをおもな客層とする〝古本リゾート〟なのだ。いまの時代、世界中にいるマニアたちとはネットでいくらでも商売ができるのだから。
（「日本にも『本の町』をつくるのだ」『中央公論』二〇〇八年十一月号）

だから高遠ブックフェスティバルでも、本の量や質にはこだわらず、本を媒介にしてどれだけ多くの人たちが楽しめるかを目的としたのだ。ぼくは聞けなかったが、都築響一さんはトークの中で、日本や海外のアングラな出版物や、一般の人が生み出す意図せざる作品を紹介しつつ、「出版界の外には、こんなにつよいエネルギーが存在している」と話したという。それは、これまでの「本の世界」をもっと広く、もっと深いものとしてとらえ直せということだろう。このブックフェスティバルが、一人一人の「本の世界」を拡張させる機会になればいいと思う。このフェスティバルは、来年も開催が予定されている。

二　「本の町」への種まきとして　二

偶然見つけたというわりには、高遠は文化的な伝統を持つ町だった。会場の一つとなった高遠図書館は、江戸時代の「高遠文庫」の流れをくみ、一九〇八年（明治四十一）に会員制で設立されたもので、地元出身の教育学者・伊沢修二も協力している。また、やはり地元出身の画家・中村不折が書いた「高遠図書館」の扁額が館内に掲げられている。町中には田山花袋や北原白秋、種田山頭火らの文学碑がある。端正な小説を書いた島村利正の出身地でもある。「本の町」の資格は十分にある。

しかし、シンポジウムの最後で、司会の永江朗さんの「高遠の町おこしを、本でやろうと思ってるんですよね？」という問いに、北尾さんは「ここじゃなくてもいいんです」と答えた。これには驚いた人も多かったはずだ。

「説明が難しいんですが、ぼくや斉木にとっては、『本の町』をつくりたいということがまず先にあって、その条件に合う場所として高遠を見つけた。そして、『本の町』をつくることが高遠の町おこしにもつながるように、地域と一緒にやっていきたい、というのが正確なところなんです。でも、聴く側にとっては、まず高遠ありきととられることが多かった。似ているようでも、ぼくたちにとって、この二つは違うんです」と北尾さんは云う。

斉木さんも、「ぼくたちがやっていることは、あくまでも種まき」と強調する。「ブックツーリズムという考え方が浸透し、その目的地として『本の町』が意識されるようになる。その結果、地元の方やお客さんが、積極的にその動きに参加してくれる人が増えていったらいいと思います。長期的には、『本の町』で育った子どもがすぐに東京に出て行ってしまうのではなく、本の町に住み、働くことが選択肢の一つとして考えられるようになっていけば、種まきは芽を出したと云えるでしょう」と云う。

しかし、それが実現するまでには、十年、二十年という時間が必要になる。また、それぐらい時間をかけなければ、本当の意味での「本の町」ができるはずはない。

「だから、いまぼくたちがやっているのは、高遠で『本の町』をつくる可能性を探るということです。いつかは、別の土地に行って、別のかたちで『本の町』をつくろうとするかもしれない。ぼくたちじゃなくて、地元の人やほかの人が実現させるのでも、いっこうに構いません。数十年後に、日本中のいろんな場所に『本の町』ができていて、ぼくはそれらの町を回って、楽しく過ごす。それが理想ですね」と北尾さんは笑う。

まだはじまったばかりなのに、次の夢を見ている。それが、失敗しても喧嘩をしても、アクションを起こすことをやめない北尾さんたちの原動力なのかもしれない。酔っぱらいの変人で、住民や国と軋轢を起こしながらも、最後は「本の町の王様」、いや「皇帝」になってしまったブースと北尾さんが、ちょっと重なって見えた。

女性店主たちのブックカフェ——大阪・神戸・京都

一　関西はフットワークが軽い？　一

「隣の芝生は青い」というヤツなのかもしれないが、東京に住んでいると、ときどき、関西の動きがまぶしく思えることがある。とくに、本をめぐっては、小さな出版社や独立系の書店が面白い試みをしていることが多いように思う。また、本と喫茶がセットになった「ブックカフェ」もあちこちにある。

これらの店では何かを決めるのも早い。東京では、場所や組織に縛られてなかなか実現できないことが、関西では「あ、それ面白そうですね」の一言で決まってしまう、という体験をぼく自身、何度もしている。

この章では、大阪と神戸、京都の店を舞台に行なわれている、タイプの違う三つの「ブックイベント」を紹介する。

「好きな本」を置くために

西梅田から南にまっすぐ十五分ほど下ると、四つ橋線の肥後橋駅に出る。この周辺は高層ビルが立ち並ぶオフィス街だ。こんなところに個人経営の店があるのだろうか、と不安になりかけた頃に、大通りからひとつ裏の通りに、古いビルが見つかる。その五階に目的の店はある。

〈Ｃａｌｏ　Ｂｏｏｋｓｈｏｐ＆Ｃａｆｅ〉（以下、〈カロ〉）。十五坪の店内は、手前がギャラリー、奥が書棚とカフェという構成になっている。ブックカフェには、新刊を販売する、古本を販売する、本は閲覧用で販売しないなど、さまざまなタイプがあるが、この店の場合、基本はアート系の新刊（洋書を含む）の販売で、関西の版元の本やミニコミも多く並ぶ。平台もあわせて三千冊程度だが、ほかの新刊書店では見かけない本がかなり多い。エレベーターの降り口には、ギャラリーやイベントのフライヤー、フリーペーパーなどが整然と置かれ、情報収集の場になっている。

各地から集まったフリーペーパーの展覧会が開催中（Calo）

ギャラリーでは、絵、写真、絵本などのアーティストの展示が行なわれている。このギャラリースペースに個人が古本を持ち寄って販売するイベントも、何度か開催されている。展示の期間には、店内で関係者のトークが行なわれることもある。ぼくも二〇〇五年八月に、『チェコのマッチラベル』（ピエ・ブックス）の刊行にあわせて、マッチラベルの展示をさせてもらったが、トークには三十人以上が集まってくれた。また、展示にあたって、マッチラベルのシートをアクリルの板にはさみ壁につるせるようにしたり、絵柄を使ってオリジナルのマッチセットをつくったり、という面倒なことを、店主の石川あき子さん（一九七三年生）がてきぱきとこなしてくれた。

石川さんは、一九九九年から西天満の〈ブックセラーアムズ〉で店員として働いていた。古いビルの地下にあるアートブックショップで、ギャラリーを併設していた。四年間働くうちに、書籍の仕入れや店舗経営についてはもちろん、国内外への流通や出版の企画制作までを体験した。一冊の本がどのようにでき、どのように読者に手渡されていくのかを、トータルに知ることができた。そのことがおそらく、ほかのブックカフェにはない、カロならではの強みになっているのではないか。

カロをオープンしたのは二〇〇四年四月。なぜ、書店だけではなく「ブックカフェ」という形態をとったのか。石川さんは「ブックカフェ開業講座」という文章の中で、以下のように述べている（『ブックカフェものがたり　本とコーヒーのある店づくり』幻戯書房、二〇〇五）。

好きな本を売っていくために、お客さんと実際に会い、お茶でも飲みながら会話する場所を確保する。カフェやバーは、そういった場所としての可能性・柔軟性が魅力ですが、同時に、粗利（売上総利益）の大きさの点でも魅力があります。（略）加えて、お客さんと会話をする中で、本をお薦めし、売り上げにつなげることも可能です。

ブックカフェは、喫茶と組み合わせることで空間の質を高めつつ、空間の維持費を喫茶の売り上げで補塡《ほてん》する、という考え方が基本だと思います。

新刊の場合、書店の利益は二割程度しかない。だから、新刊書店ではとにかくたくさん本や雑誌を売ることで、なんとか維持している。書店員はやりたいことがあっても時間がない。好きな本より、ベストセラーや話題書を仕入れることを優先させられる。それが仕事だから、と云ってしまえばそれまでだが、安い給料を我慢して好きな本といられる職場を選んだのに、彼らのモチベーションを生かす機会はなかなか巡ってこない。さらに云えば、新刊書店に長く勤めても、自分がオーナーの店を持つ可能性はほとんどゼロである。だから、有能だと云われた書店員が、古本屋やブックカフェをはじめるケースが多いのだ。

石川さんもまた、二割の粗利を奪い合う世界に入ることをやめ、カフェやギャラリーを一緒にやることで、「好きな本」の置ける店を維持することを選んだのだ。たとえ、複合型の店にしたことで、ひとりで何人分もの仕事をこなさなければならなくなったとしても。

書店員と云えば、カロでは「書店員ナイト」というイベントをやっている（第一回はアムズ閉店イベントとして開催）。イベントといっても特別の趣向は何もない。書店員、古本屋、編集者、デザイナー、著者など本に関わる仕事をしている人や、本に関心のある人なら誰でも参加できる、大規模な飲み会みたいな集まりだ。当日は、関西じゅうの本好きが全員集まったのではないかと思えるほど、身動きするのもままならない状態だった。これまでに東京を含めて十回開催されている。また、福岡、名古屋、広島などのブックイベントでも、この「書店員ナイト」をオープニング・パーティーとして開催している。

本の現場で働いている人でも、いや、むしろそういう立場にいる人だからこそ、純粋に本の話を楽しく語り合いたいという気持ちが強いのだろう。

――やりたいことを実現する場に――

神戸のＪＲ元町駅から鯉川筋《こいかわすじ》をすこし上がり、若者向けの店が並ぶ一角の雑居ビルの二階に、古本屋〈トンカ書店〉はある。九坪ほどの店内には、所狭しと本が並べられている。純文学の小説の隣にマンガがある混沌《こんとん》とした棚だが、どことなく統一感があるようにも見える。

店主の頓花《とんか》恵《めぐみ》さん（一九七九年生）にそう云うと、「そうですか？　でも、私自身が『こんな棚にしよう』と考えたことは一度もなくて、お客さんが持ち込んでくれた本を並べているだけなんですよ」と答えた。古書組合には属さず、一〇〇パーセント、客からの買取りだけで店を営んでいる。本以外におもちゃやカメラ、健康器具などナンでも買い取り、店内に

イベントの時は移動させて、スペースをつくる（トンカ書店）

並べる（「カメを買ってくれ」と云われたときには、さすがに断ったそうだが）。「ザックバランな古本屋」というキャッチフレーズどおりの店なのだ。

この店をはじめたのは二〇〇五年十二月。大学生の頃から元町の古本屋〈ちんき堂〉（店主は『猟盤日記』などの著書を持つ戸川昌士さん）で店番し、その後、新刊書店を経て漫画専門店で働いていた。しかし、一人のほうが融通が利くし、のんびりできるということで、自分で店を開こうと考えた。資金は少なかったが、中古車を一台買ったつもりで、走れるだけ走ってみようと思った。「うまくいったらずっと乗り続けようと思って、なんとかいまでもやっています」。

当初は、古本屋の多いエリアで物件を探していたが、たまたまこのビルが空いたというので入居した。この一帯は、一九九五年の阪神大震災以後、個人経営の小さな店が増えており、活気がある。開店時には、知り合いのお客さんが譲ってくれた本で棚をつくった。「いまでも、お客さんが『◎◎の本がないなあ』と云って帰り、次にその本を持ってきてくれたり、『こういう本、いけるか？』と訊いて持ってきてくれたりします」と頓花さんは云う。

また、この店では月に二〜三回というハイペースで、展覧会やイベントが行なわれている。取材に訪れた日も、関西の下町を撮影している写真家・永田収《おさむ》さんの展覧会が開催中で、前の日の夜には神戸のインディーズ・バンドのライブがあったという。とても、ライブができるほどの広さには見えないが、テーブルなどを片付ければ、二十五人ぐらいは入れるという。

「永田さんの展覧会は二度目で、最初は二〇〇六年六月に開催しました。取材で店にいらしたのがきっかけで、永田さんが発行している『SANPO　下町通信』の写真を展示していただくことになりました。それが展示をやった最初ですね。その後、大学生の卒業制作展や、絵本講座、亡くなったある蔵書家の本棚を再現する展示などを行なっています。神戸でつくられていたネーポンという飲料が製造終了するというので、神戸で活動する作家や写真家のネーポンを題材にした作品を集めた『ネーポン祭』もやりました。店の奥の小さなスペースですが、何かをやりたい、つくりたいという情熱を持つ人のために提供しています」と頓花さん。

当初はごく普通の街の古本屋をやるつもりでいた頓花さんだが、こういうイベントに携わることによって、自分の知らなかった世界に出会うことができたという。本の品揃えと同じく、イベントに関しても、企画した人にほとんどを任せる。「自分の力量でできることはたかがしれていますから、その人がやりやすいやり方で進めていただくのが一番いいと思います」。

たとえば、関西のミニコミ・フリーペーパー発行者が集まり、情報交換する「パブリッシユゴッコ」というイベントが、二〇〇八年八月から定期開催されているが、これも「ドグマ出版」を名乗る漫画家の香山哲《かやまてつ》さんが主催している。毎回二十人以上が店内に集まり、共同で小冊子を制作する（268〜269ページ参照）。また、二〇〇九年三月に開催した「すきま産業新聞社選定　マッチラベル品評会」も、名古屋の古本屋〈シマウマ書房〉の企画によるものだ。

イベントの情報が新聞などで取り上げられることも多く、それを見て新たな客がやって来るという効果もある。「年配の方が買い取りを依頼してくださるなど、お客さんの年代の幅が広がってきました」。

トンカ書店は基本的に年中無休。アルバイトを雇ったこともなく、一人で店番する。頓花さんが店を休んだのは、三年間でわずか三十日だという。話を聞いている間も、ひっきりなしに客がやって来たり、電話での問い合わせがあったりする。それらににこやかに応じながら、頓花さんは店にいるのが楽しくて仕方がないという様子だった。

━ 続くのは「楽しいから」━

一方、店ではなく、あくまでもイベントが主体という動きもある。

「café de poche」（カフェ・ドゥ・ポッシュ、以下「ポッシュ」）は、二〇〇二年から活動している本の展示イベント。場所を借りて、期間限定の「小さな図書館」を出現させる。そこにある本は売り物ではなく、その場で読むためのものである。訪れた人は、棚に並べられた本を自由に手に取って、コーヒーを飲みながら思い思いの時間を過ごす。

「ポッシュ」のメンバーは、小西佐紀子さん（一九七八年生）、伊東琴子さん（一九六八年生）、大林ヨシヒコさん（一九七八年生）の三人。小西さん・伊東さんが図書館の司書、大林さんはデザインの仕事をしている。

三人は二〇〇〇年頃、ロシアのトイカメラの愛好者グループに属し、お互いの好きなモノ

「道具」に関する本を、見せ方にも工夫を凝らして並べる
（カフェ・ドゥ・ポッシュ）

の傾向が似ていたことから、「一緒に何かカタチになることをやろう」と考えた。そこで、カフェを舞台に本を展示するイベントを行なうことに決めた。「カフェ・ドゥ・ポッシュ」とは「小さなカフェ」という意味。フランス語で文庫本を「livre de poche」と云うことから連想して、この名前に決めた。

会場は京都・北白川のカフェ〈ｔｒｉｃｏ＋〉。三人の手持ちの本を中心に、知り合いやゲストからも提供してもらう。毎回段ボール箱で十五、六箱ほどの本を展示している。二〇〇二年六月に第一回を行ない、以後、毎年一回開催している。

一回目はノンジャンルだったが、二回目から毎回テーマを決めて、その関係の本を集める。これまでのテーマは、「児童書・絵本」「映画」「衣・

食・住」「旅」「ｎａｔｕｒｅ」「道具」。本だけでなく、自然がテーマなら星座の早見表や月のポスター、映画なら各自が集めてきたチラシのファイルなども展示する。

イベントに合わせて、小冊子も制作し、会場で無料配布する。展示する本の紹介を中心に、コラムも掲載。テーマに合わせて、デザインも趣向を凝らしている。また、自分たちでカフェのメニューも用意し、テーマが「道具」なら、スプーンやフォークのカタチをしたお菓子を出すという具合に、統一感を出している。「衣・食・住」がテーマのときは、キッチンや料理に関する本、『クウネル』『Ａｒｎｅ』などの生活系雑誌や無印良品のカタログから、コーヒーの器具まで並べる。また、ブックカフェや個人にゲストとして参加してもらい、彼らがセレクトする本を壁の棚に展示した。本のカタチのクッキーも出した。いわば、本をテーマにした遊びだが、訪れる客はそれを愉しんでいる。

なぜ本を売らずに展示するのかと聞くと、「まだ手元に置いておきたいという気持ちが強いんです」と伊東さんは笑う。大事な本だけど、人に見てほしいというアンビバレントな気持ちがあるのかもしれない。その回のテーマに合わせて買う本もあるので、どんどん増えてしまうのが悩ましいそうだ。

八年間も続いているのは、「楽しいから」という理由に尽きる。年に一回というペースも、続けられる要因かもしれない。もっとも、ポッシュが注目されることで、活動の幅も広がっている。二〇〇八年にはｍｉｌｌｅ　ｂｏｏｋｓから『京都〇七五』が創刊。そこに暮らす人の目線で見た京都の姿を切り取っていく雑誌スタイルの書籍だが、ポッシュの大林さんが編集長で、あとの二人も執筆・編集に参加している。第二号の特集は「喫茶」で、発行に合わせて、京都・名古屋・奈良などで「ＣＯＦＦＥＥ　ＦＥＳＴＩＶＡＬ」というイベントを行なっている。

次回のポッシュは二〇〇九年十月末に開催する予定で、テーマは「音楽」。音楽を楽しむためのテキスト、読書を楽しむための音楽。音を感じる小説や音楽家にまつわる本、解説、詩集、音楽雑誌、楽譜、コンサートのパンフレット、ライナーノーツなどが、本棚に並ぶ。期間中には、ゲストによる古本市やライブを行ない、小冊子『音楽と本と人』を会場限定で販売する。目と耳で楽しめるイベントになりそうだ。

二　ユニークな店が集まる理由　二

ほかにも関西には、イベントに力を入れている古本屋やブックカフェが多い。

京都では、独自のセレクトで本や雑貨を置くとともに、ギャラリーも併設する〈恵文社一乗寺店〉や、新刊書店でありながら古本の常設棚があり、ライブも行なう〈ガケ書房〉など。大阪では、蔵書票や稀覯本《きこうぼん》の展示や手製本のワークショップを行なっている〈アトリエ箱庭〉や、四人のメンバーが持ち寄った本を展示し、古本市なども行なう〈貸本喫茶ちょうちょぼっこ〉、アート本やリトルプレスを扱うとともに、ギャラリーやカフェも併設する〈ｉＴｏｈｅｎ〉など。神戸では、老舗の新刊書店でありながら、店内で古本コーナーを設け、本に関するトークも行なう〈海文堂書店〉など。

このように小さいがユニークな店が関西に多い理由を、カロの石川さんはこう分析する。

「関西のインディペンデントな本屋さんでは、東京に比べてマーケット自体が小さいため、本の売り上げだけに頼らず店を維持する方法を模索しているところが多いのでは」

その一方、個人経営の店は、東京に比べると資金が少なくても開業しやすいため、「他の店と違う、新しいことをやりたい」という思いを実現しやすいのかもしれない、と石川さんは云う。

また、これらの店を応援する地域のメディアとして、『エルマガジン』の存在も大きかった。同誌は一九七七年三月に創刊。関西では、東京の『シティロード』『ぴあ』よりも早く、一九七一年七月に『プレイガイドジャーナル』が日本初の情報誌として創刊され、音楽、映画、演劇などのスポットやイベントの情報を掲載するとともに、さまざまなジャンルで活動する関西の人々をつなげる「草の根ネットワーク」として機能していた（大阪府立文化情報センター編『『プガジャ』の時代』ブレーンセンター、二〇〇八）。その『プレイガイドジャーナル』が失速していった一九八〇年代後半以降、『エルマガジン』は関西で起こっている新しい動きをキャッチし、さまざまな特集を組んできた。本に関しても、本屋特集を何度か組むとともに、二〇〇五年二月号から「京阪神　本棚通信」というコーナーがスタート。新しくできた書店やブックカフェをいち早く紹介したり、関西在住の書き手にインタビューしたりした。書物同人誌『ｓｕｍｕｓ』の山本善行さんによる古本コラムも好評だった。

しかし、『エルマガジン』は二〇〇九年二月に休刊。「うまく言葉に表せないんですが、『エルマガ的なもの』というのがあって、それを共有している読者もお店も多かったと思います。情報を鵜呑みにして動くのではなく、自分で遊び方を見つける人たちのための雑誌で、マーケティング臭があまりしなかった。それがなくなったいま、自分たちの手でどういうかたちで情報発信をしていくかが問われているような気がします」と、石川さんは云う。

二　女性のアイデアが花開く　二

ところで、ここまで見てきたブックカフェや古本屋の多くは、女性が店主である。これまでの出版業界では、実態としては書店員に女性が多いのにもかかわらず、男性優位の状況が続いてきた。古本業界でも同じである。本のイベントが多くなった理由のひとつには、「こんなことをやりたい」「こうしたら楽しい」という女性のアイデアが、さまざまな場所で花開いたからでもある。

二〇〇九年六月、「Ｂｏｏｋ！　Ｂｏｏｋ！　Ｓｅｎｄａｉ」の一環として、〈仙台市市民活動サポートセンター〉で「私のブックカフェをつくろう」という講座が開催された。仙台〈火星の庭〉の前野久美子さんと、大阪〈貸本喫茶ちょうちょぼっこ〉の福島杏子さん（一九七六年生）が講師となり、各地のブックカフェについてのスライド上映を交えながら、ブックカフェのつくり方を話していった。ここでも、三十名の受講生のうち九割が女性だった。

講師の話を聞きながら、配られた用紙に、店名や扱う本、カフェのメニュー、店内見取り図など「私のブックカフェ」の青写真を描いていく。「暖炉や囲炉裏、畳のあるブックカフエ」など内装のユニークなもの、「本とメニューのセット」などメニューに趣向を凝らしたもの、「山のなか」「海のそば」などの立地など、奇抜なものから現実的なものまで、一人ひとりの案が全部違うことが面白かった。

店でイベントを行なう理由について、福島さんは、「イベントは、いままでと異なる方にお越しいただく機会となることはもちろんですが、場所を持っている主催者が『やりたい』『楽しい』と思うことを具体化できる機会だと思います」と云う。また、前野さんも、「イベントの内容よりも、事前の告知やイベントやったということ自体が、『ウチは元気です。盛り上がっています』というイメージを放出して、それが普段の営業にもよい効果をもたらしているのかもしれません。『楽しいところに人は集まる、人が集まればお金が動く』のだと思うので」と云う。

これらの店を取材していて感じたのは、ひとつの「ブックイベント」が、いろんな人を巻き込み、それに影響を受けた人たちがまた別のイベントを始めるといった連鎖が起こっていることだ。「本」には、人と人をつなげていく力があるのだと思う。

紙でしか伝えられないこと――フリーペーパー

一 商業誌が切り捨ててきたもの 一

駅の構内を歩いていると、改札の脇や通路の壁面に設置されたラックに、雑誌がささっているのを目にする。住宅、求人などの情報紙誌や、地下鉄や自治体の広報紙、『R25』（リクルート）のような読み物中心のものと、その内容はさまざまだが、それらが無料で配布されている「フリーペーパー」であることは、道行く人の誰もが知っている。

そして、それらのフリーペーパーが無料でも成立する理由が、企業（クライアント）が支払う掲載料や広告料にあることを想像することも難しくないだろう。要するに、テレビのスポンサーと同じしくみだ。

フリーペーパーの業界団体である日本生活情報紙協会（ＪＡＦＮＡ）は、フリーペーパーを次のように定義している。

「特定の読者を狙い、無料で配布するか到達させる定期発行の地域生活情報紙誌で、イベント、タウン、ショップ、求人求職、住宅・不動産、グルメ・飲食店、ショッピング、演劇、エステ・美容、レジャー・旅行、各種教室など多岐にわたる生活情報を記事と広告で伝える」（同協会のサイトより）

稲垣太郎『フリーペーパーの衝撃』（集英社新書、二〇〇八）によれば、この定義に当てはまるフリーペーパーは、二〇〇五年で千二百紙誌あり、そのうち新聞タイプが六百九十七紙、雑誌タイプが四百二十二誌だという。稲垣氏はこれらのフリーペーパーを、（1）コミュニティペーパー（住宅地での全戸配布型生活情報紙誌）、（2）ターゲットマガジン（読者を切り分けた嗜好別情報紙誌）、（3）ニュースペーパー（報道系）の三つに分類している。

しかし、街をうろついてみれば、カフェや雑貨屋、書店、レコード店などの片隅に、右の定義や分類に当てはまらない、まったく別のタイプの「フリーペーパー」を見つけることができる。

これらのフリーペーパーのほとんどは、個人か少人数のユニットによって発行されており、広告が入ることは少ない。また、オフセット印刷されているものもあれば、手書きをコピーしたただけのものもある。

駅で配布されているフリーペーパーが、大企業が発行し、多数の読者（ユーザー）を獲得しているのに対して、これら個人によるフリーペーパーは、誰が読んでいるのかもはっきりしない、マイナーな存在である。

ところが、それらの誌面には発行者が「これをやりたい！」という熱情があふれていて、体裁の悪さなど気にならずに読みふけってしまう。ここには、商業誌が売り上げや効率を優先する中で切り捨ててきたもの――マーケティングに捉われず、自分が面白いと思ったものをやってしまう精神――があるのだ。

このように自主的に発行される雑誌や新聞形態の出版物は、「ミニコミ」と呼ばれる。このコトバは、「マスコミ」という大きなジャーナリズムに対する、Mini Communication Mediaという和製英語の略だといわれる。

小さなメディアを呼ぶコトバとしては、「ミニコミ」のほか、「同人誌」「自主出版物」「インディーズ出版」「リトルマガジン」「リトルプレス」「自費出版」といろいろある。最近では「ｚｉｎｅ」という呼び方も。また、発行者や発行地から「サークル誌」「会報」「機関誌」「タウン誌」「キャンパス誌」などに分けることも可能だ。

もちろん、それぞれのコトバから得られるニュアンスは一定ではない。発行者が自分の発行物にどのコトバをあてるかは、その趣旨や内容に密接に結びついているようだ。たとえば、一九八四年に『谷中・根津・千駄木』を創刊した三人の女性は、ＰＲ誌的な感じのする「タウン誌」を避けて、「地域雑誌」を冠している（串間務編、南陀楼綾繁ほか著『ミニコミ魂』晶文社、一九九九）。

個人による「フリーペーパー」も「ミニコミ」の中に属し、無料で配布されるところが特徴だと云えるだろう。フリーペーパーは一九七〇年代には「フリープレス」と呼ばれていた。その先駆は、一九七二年創刊の『名前のない新聞』だと云われる（丸山尚『ミニコミ戦後史』三一書房、一九八五）。

ただ、現在のフリーペーパーには、パソコンのＤＴＰ（デスクトップ・パブリッシング）と、印刷の簡易化・低価格化によって、体裁やデザインの面で商業誌と遜色ないモノも出てきている。それなのに、なぜ彼らはあえて「無料」で出し続けるのか——。小さいけれどもホットなフリーペーパー（以下、フリペ）の世界に分け入ってみたい。

一　ユニークすぎるフリーペーパーたち　一

二〇〇八年十一月、ぼくは福岡の〈文化芸術情報館アートリエ〉で開催された「フリーペーパー＝小さなメディアの放つ光」という展覧会の構成を担当した。これは、福岡の本イベント「ＢＯＯＫＵＯＫＡ」（ブックオカ）の関連イベントで、会場は福岡市文化芸術振興財団が運営する、ギャラリー＆カフェだった。

当初の依頼では会場に合わせて「アート系」のフリペを選んでほしいということだったが、先方が意図している美術館やギャラリー、アーティストの発行しているフリペは、内容的にはともかく、展覧会情報や解説を中心とした体裁に大差がなく、これらをたくさん集めたとしても面白い展示になるとは思えなかった。そこで、「アート系」を拡大解釈し、美術関係以外でも、従来のメディアには見られない表現や形式を持つフリペを集めることに決めた。

とはいえ、この種のフリペを集めた『ミニコミ魂』から十年近くが経過している。ぼくも以前に比べたら出歩く範囲がすっかり狭まっている。「歩かなければ出会えない」のがフリペなのに、その機会が少なくなっているのだ。

そこで、付き合いのある各地の書店やブックカフェの店主やミニコミ発行者に連絡を取り、彼らがいま一番オモシロイと思っているフリペを推薦してもらった。独自の視点を持っている人たちだけあって、「ハズレ」がほとんどなかったのはさすがである。おかげで、ぼく自身も初めて目にしたユニークなフリペが六十誌近く集まった。

たとえば、林舞さん（一九八三年生）が発行する『ぱんとたまねぎ』（二〇〇六年創刊）は、京都の新刊書店〈ガケ書房〉で教わった。誌名どおり、隅から隅までパンについての記事ばかりだが、驚くのは体裁で、サンドウィッチ特集では三角のかたち、フランスパン特集では長細い紙を丸めるという具合に、テーマに合わせて一号一号、サイズも折り方も違うのだ。レイアウトはパ

福岡〈アートリエ〉でのフリーペーパー展。興味のあるファイルに手が伸びる

いろいろなカタチで出される『ぱんとたまねぎ』

ソコンで行なっているが、手書きの文字やイラストが自由に挿入されている。デザインセンスの良さと手づくりの感触がマッチしているフリペだ。

「もともと言葉を使ってヒトに何かを伝達するのが苦手なので、複雑なことを伝達する場合は目の前に紙を用意して、得意な絵を描いて表現していました。私はパンが好きでパン屋さんによく行くのですが、そこでパン屋さんの話を聞きたいと思っても、なかなか話しかけられない。だったら、フリペをつくってそこに載せるという名目でお話を聞こう！　と考えたんです」と、林さんは創刊の動機を語る。

倉敷で発行されている『Ｋｒａｓｈ　Ｊａｐａｎ』（クラッシュ・ジャパン、二〇〇五年創刊）は、地元の古書店〈蟲文庫〉から教えてもらった。ＡＢ判のムックのようなサイズで、オールカラーで約七十ページ。たくさんの写真やイラストがセンスよく入っている。本文はぜんぶ日本語・英語の併記である。第二号は、工場地帯というイメージしかなかった水島の特集。「倉敷の美観地区や瀬戸内海の情緒とは無縁の世界」をあえて舞台に選んだ。また、第五号の特集は環境問題。温暖化のために水位上昇が懸念される瀬戸内海沿岸の状況を、データや専門家への取材によって描き出していく。二〇〇九年に出た第八号では、森山大道、長嶋有里枝、ローランド・ハーゲンバーグら五人の写真家を倉敷に招いて撮影してもらった。ほとんど全ページが写真という特集だ。また、この特集に連動して大原美術館での展覧会も開催された。

発行者の赤星豊さん（一九六三年生）は倉敷で育ち、東京で編集プロダクションを経て、フリーライターとして独立。マガジンハウスの雑誌を中心に仕事をしていたという。母の介護のため、東京と倉敷を往復する生活をするようになり、現在は倉敷に定住している。

『クラッシュ・ジャパン』第7号。倉敷の昔ながらの喫茶店を特集

「雑誌をはじめたのは、倉敷に戻ってきてから、この街の面白さを再発見したからです。いままで、いつもなんとなく通りすぎていたり見ていたものがこんなに面白かったんだということに気づいた」と赤星さんは云う。「ただ、地域に密着した内容でも、見せ方はあくまでもクールにというの

が、この雑誌の方針です。地方の雑誌の持つイメージからなるべく離れたかった。カッコイイと云われたいんです（笑）」

池袋の〈古書往来座〉で見つけたのは、『東京トーフ屋散歩手帳』。Ａ５サイズ、十六ページ、一色刷り。創刊号では、高田馬場や上野桜木町、神楽坂の豆腐店を訪れてのレポートがあり、豆腐の出てくる小説の紹介があり、豆腐の原料である豆についてのコラムがある。第二号では、坂道にある豆腐屋を取材したり、豆腐つながりで江戸時代の「豆腐小僧」について、妖怪に関する著書が多いアダム・カバットにインタビューしたりしている。どの記事も一ページか二ページに収まっているあっさり感と、影絵のようなイラストが印象的だ。発行者の山本星《せい》さん（一九八五年生）は、早稲田大学法学部の学生である。東京の街で写真を撮るうちに、都内に豆腐屋が千三百軒もあることを知り、興味を持ったのが創刊のきっかけだという。

「何かをつくること自体初めてなので、取材のやり方もよく判っていません。ＤＴＰソフトを持ってないので、Ｗｏｒｄで文字も図版もレイアウトし、学校のプリンターで出力している。発行部数は百二部制作。トーフだから１０２部です（笑）」と山本さん。

ほかにも、下北沢のカフェが発行する『ｋａｔｅ　ｐａｐｅｒ』（二〇〇七年創刊）はサブカルチャーに関するエッセイやインタビューが充実している雑誌だし、大阪発行の『湯気新聞』（二〇〇八年創刊）は森元暢之という知る人ぞ知る漫画家を世に知らしめるためという動機で出されている。喫茶店の歴史やコーヒーに関する知識を満載した神戸発行の『甘苦一滴』（二〇〇一年創刊）のように端正な小冊子もあれば、アルバイトや趣味など自身の生活を汚い手書きで写経のように記す（下書きしないのでだんだん線が曲がってくる）『京都ワッチャーかわら版』（二〇〇四年創刊）もある。

―「紙モノ」であることの強さ―

これらのフリペは一誌ごとにサイズも綴じ方も違うので、ファイルに入れて展示した。それとともに、最新号については数十部用意し持ち帰れるようにした。会期中のある日に、名古屋で『ＳＣＨＯＰ』を発行している上原敏さんとトークも行なった。

基本のセットができているので、このままではもったいないと考えて、この展覧会を巡回することにした。そこで、二〇〇九年二月には大阪の〈カロ〉、三月には名古屋の本イベント「ＢＯＯＫＭＡＲＫ　ＮＡＧＯＹＡ」関連企画として〈カフェ・パルル〉で、五月には

「不忍ブックストリートの一箱古本市」関連企画として千駄木のブックカフェ〈ブーザンゴ〉で、それぞれ展示とトークを行なった。巡回するごとに、その土地のフリーペーパーが新しく付け加わり、現在では、八十誌にまで増えている。

会場を訪れた人たちは、興味を持ったフリペのファイルを手に取り、現物を引き出して読みふけっていた。気に入ったフリペの最新号を持ち帰るヒトも多かった。

カロの石川あき子さんは、「こんなすごいフリーペーパーがあるのかと喜んでくださった方や、以前つくっていたんだけどまた出したくなりましたという方が結構おられました。また、トークの際にはフリペの発行者が発言して、ふだん遭遇の機会があまりない、発行者同士や、発行者と読者が会って、楽しそうにお話しされていました」と云う。

六月には、ふたたび大阪に戻り、フリーペーパーやフライヤー（チラシ）の印刷会社〈レトロ印刷ＪＡＭ〉の新店舗で開催した。ＪＡＭは一九九九年頃に創業したが、リソグラフ（デジタル孔版印刷機）で行なう多色印刷を「レトロ印刷」と名づけ、数年前から力を入れている。ザラ紙のような手触りのいい紙に、「プリントゴッコ」（これも孔版印刷だ）のように一色ずつ色を載せていくため、アナログな仕上がりが得られる。料金が安いうえに納期が短いので、関西のギャラリー、ライブハウスのＤＭやフライヤーからの発注が多い。最近では、このレトロ印刷を使ってフリーペーパーや小冊子をつくる人も増えている。なにしろ、JAMみずからが『レトロン』（二〇〇八年創刊）なるフリペを発行しているのだ。

一連の展覧会を通じて改めて感じたのは、「紙モノ」であることの強さである。インターネットが普及しはじめた一九九〇年代末、この先、紙メディアは電子メディアによって駆逐されるのではないかという悲観的な予測が語られていた。しかし、簡単に発信できるブログが主流になり、携帯電話で情報を手に入れることが普通になったいまでも、あえて「紙モノ」で自己発信をする人たちは多い。

いや逆に、これだけ電子ネットワークが張りめぐらされているいまだからこそ、「紙モノ」の持つ力が見直されているのかもしれない。じっさい、若いフリペ発行者に尋ねてみると、インターネットと「紙モノ」は別のものだという認識であり、自分が出す場合にはごく自然に紙でつくることを選んでいる。

奈良で雑多な生活記録を中心としたA4三つ折りの『HOWE』（ハウ）を発行しているタテイシナオフミさん（一九七七年生）は、「フリペは名刺のようなもの」と云う。

『HOWE』を始めたのは、周囲の友人たちに自分の好きな七〇年代のプログレッシヴ・ロックの魅力を伝えたかったからです。普段の喋りのなかではあまり取り合ってもらえない話題でも、いざ文章にして渡すと、ちゃんとみんな読んでくれるので、『これはズルいかもしれないが有効な手段だ』と思いました（笑）。物理的な紙の形式だと、ウェブ媒体ほど多くの人に届けることは難しいわけですが、でもそれゆえに、縁があって手に取ってくれた人は、メッセージをきちんと受け止め、熟読してくれる傾向が強い気がします」

―「無料であること」の可能性―

それでは、彼らはなぜわざわざ無料で発行するのか。せっかく、メディアをつくるのなら、少しでもお金につながることを考えるべきではないのか。そんな疑問を持つヒトもいるだろう。

手書きの文字やイラストで絵本を紹介する葉書サイズのフリペ『エホン便り』（二〇〇五年創刊）のオアナアキコさん（一九七四年生）は、「無料で出すことで、コミュニケーションのとりかたが自由になると思うからです。配布ついでに、置かせてもらったお店のショップカードや他のフリーペーパーを預かって、つながりができそうな場に届けたり、紹介したりしています」と云う。

大嶋宏和さん（一九八〇年生）が大阪で出している『ORDINARY FUNERAL』（二〇〇四年創刊）は、アメリカの「オルタナティヴ・コミック」の影響を受けた絵で、日常の心象を綴るマンガ作品集だ。クオリティの高い内容だが、それを無料で提供する理由を、大嶋さんはこう語る。

「お金をとらない分、読者に対して表現や活動の責任をとらなくていい気軽さがあります。それが『何かやりたい』という欲求を実行するときのハードルを低くしてくれます。また、フリーペーパーをつくるのは、友達に対して『ちょっと凝った手紙』を書くような感覚もありますね」

『coaster』と『ORDINARY FUNERAL』

多くのフリペ発行者は、この「ハードルの低さ」に魅力を感じているようだ。ミニコミを出してみると判るのだが、出来上がったものを新刊書店や古本屋に持ち込んで置いてもらい、売れ行きを見て追加したり精算をお願いするという行為は、けっこう大変だ。あまりいい加減だと店の人にも迷惑がかかる。だったら、タダで置かせてもらい、タダで読者に持って行ってもらうほうが気が楽だ、というわけである。

『coaster』（コースター、二〇〇四年創刊）は、アダチレイナさん（一九七四年生）が、グラスの下に敷くお気に入りのコースターのように、「あってもなくてもいいが、『楽しい生活』には欠かせない」フリペをめざして創刊。音楽や映画などの話題と、アダチさんが好きな昆虫の記事が同居する。コースターのサイズの厚めの紙を、一枚一枚、パソコンのプリンターで出力し、プラスチックのリング（これも一本一本、手作業でカットしている）で綴じている。

アダチさんは、無料である理由を「自分を解放するため」だと云う。彼女の本業はグラフィックデザイナーだが、制約の多い仕事をしているうちに「もっと自由にデザインしたい！」という欲求が募り、同誌を創刊した。「値段をつけると売れるものにしなければ、と考えてしまう。無料で制作・配布することが、自分を解放することにつながるんです」とアダチさんは云いきる。

―― つくる自由と置く自由 ――

フリーペーパーの「フリー」には、つくる自由・置く自由もある。それは、つくらない自由・置かない自由とも云い換えることができる。これはフリペではないが、ライターや編集者が自己の酔っ払い体験を元にしてつくっている『酒とつまみ』（二〇〇二年創刊）は季刊をうたいながら、最近は一年に一冊しか出ていない。しかし、同誌はミニコミにもかかわらず新刊書店でよく売れているため、雑誌コーナーに一年前に出た「最新号」が平積みになっているという、痛快な事態になっている。また、どこの店・スポットに置くかの判断も、一誌ごとに違う。発行者によっては、「私の好きな店だけに置いてほしい」と考え、他から声がかかっても断る人もいる。

先に挙げたガケ書房は二〇〇四年に創業した、四十坪ほどの新刊書店だが、レジ前のスペースはフリペやフライヤーで埋め尽くされている。つねにあるのは二十誌ぐらいということだが、消えていったり新しく置かれるものを含めると、かなりの数にのぼるだろう。店長の山下賢二さん（一九七二年生）は、書店でフリペを扱う理由をこう述べる。

「フリペ発行人と気まぐれ読者の共犯関係をセッティングできる喜び、ですね。フリペには出会い頭のスリルと浅めの個人情報が内在するので、鮮度のよい媒体を設置することによって、店のイメージ鮮度も保てているような気がします。あと、店にフリペを持ってくる人はみな、目がヤバいです。もちろんいい意味で（笑）」

フリペの中には、自分たちが主催するイベントに合わせて出されるものも多い。『乙女湯のたしなみ』（二〇〇七年創刊）は、廃業が続いている銭湯の魅力を知ってもらうために、銭湯を借りての女子限定イベントを開催している女性たちが発行している。メンバーの一人であるｍａｓａｍｉさんは、フリペを出した理由をこう語る。

「一人一人の『銭湯がそばにある暮らし』で、このフリペを手にして楽しんで読んでほしいと思ったからです。堅苦しいものではなく、湯あがりに冷たい牛乳を飲みながらのんびりと眼を通していただけるような内容にしています。実際に湯あがりに読んでいる光景を見てみたくて、イベントと連動して発行しているところもあります。読者の反応をその場で見ることができるので、励みになりますね」

また、こういったフリペ発行者が集まるイベントもある。「ドグマ出版」を名乗り、フリペ『シャープナー』やさまざまなミニコミを発行している漫画家の香山哲さん（一九八二年生）は、二〇〇八年六月から神戸の〈トンカ書店〉で「パブリッシュゴッコ」というイベントを年に数回行なっている。ミニコミ、フリーペーパーの発行者や関心のある人が集まり、情報交換や展示を行なう。また、主に関西のつくり手たちによる合同ミニコミ誌『パブリッシュゴッコ』を配布する。毎回、二十〜二十五人が参加している。

「フリーペーパー制作者もそうでない人でも、自由時間を設けての参加者同士の交流が大きな目的のひとつだったので、物で満ちている古本屋を会場にしたのはいい効果がありました。参加者は、叫びたいコトがあっても紙にしたためて印刷して配るような、平和で丁寧で思いやりのあるような人が多いです。かならずしも社交的な人ばかりではないので、周りの本を見たり店内をウロウロしながら心の準備をして、なんとなしに近くにいる人に話しかける……ということが、この店だとやりやすいので。また、このイベントをきっかけにフリーペーパーをつくりはじめた人がいるのも、よかったなと思います」と香山さんは云う。

――熱狂的読者を生み出す原動力――

思いついたらスグにはじめられるところが、フリペのよさだ。ただ、気楽にはじめたものを、継続させていくことには、それなりの努力と意志が求められる。

大学時代から現在まで『ハードスタッフ』というミニコミを出し続けるとともに、徳島県板野郡北島町の町立図書館に隣接した「創世ホール」でユニークな講演を企画、それに関連した情報やインタビューを掲載する『創世ホール通信』を発行している小西昌幸さん（一九五六年生）は、次のように云う。

「これまで百七十六号も続けて出してこられたのは、やはり毎月一回という対外的な締め切りがあったからだと思います。裏面の『文化ジャーナル』は毎回ネタ探しに苦労します。自分なりに常に記事材料の引き出しを多く持ってなければ、続けられなかったと感じています。私は、何かを続けるには、そこに必ずつくり手のしつこいこだわり精神がなければならない、と考えています」

今回の展覧会で間違いなく最長にして、最長老が出すフリペは、神戸の『松風新聞』だ。発行者の竹中真佐夫さんは〈松風カメラ店〉の店主で、一九二五年（大正十四）生まれ。一九六八年に創刊し、地元の話題や写真の撮り方、昔の思い出などを手書きでA3一枚の紙に綴り、最近では毎月発行している。題字やケイ線など、隅々まで「新聞」という形式を模している律儀さがカワイイ。二〇〇九年八月現在で、なんと四百四十号に達している。ぼくに同紙を紹介してくれたトンカ書店の頓花恵さんが、竹中さんにここまで続いた理由を尋ねたところ、大笑いで「楽しいから。それだけやー」と答えたそうだ（「関西古本女子だより」第十九回、『［書評］のメルマガ』第四百号、二〇〇九年三月）。なんという、正しい答えだろう（その後、四月にカメラ店は閉店したが、『松風新聞』はコンスタントに発行されているという）。

内容もカタチもさまざまな、数々のフリペたち。彼らのつくる誌面がイキイキとしているのは、出版の「ビジネス」の側面を切り捨てることで、純粋に出版という「行為」に没入できるからだろう。

商業誌にしても、メジャーなフリペにしても、「たくさんつくって、たくさん流す」という出版業界の構造から離れられない。だから、多くの雑誌は、顔の見えない読者よりも、顔の見えるクライアント（広告主）に向けてつくられてきた。

しかし、ここで取り上げたフリペは、「読者である自分」に向けてつくられている、いわば「手紙」のようなものだ。もちろん、たんなる自己満足に終わる危険性はあるが、その究極の自分本位が、少なくとも熱狂的な読者を獲得する原動力になっているのだ。

また、フリペを出すこと自体が、コミュニケーションの手段になっていることも見逃せない。フリペは、共通の興味や趣味を持つ人を掘り出し、つなげる力を持っている。イベントと連動することで、店や街とのつながりも生み出している。ウェブにも同じ可能性があるが、フリペでは能動的な読者が多い分、もっと深いところに根を張ることができるのではないか。

「読みたい雑誌がない」と嘆く前に、街に出てみよう。どこかの店で、自分の感覚と波長の合うフリペに出会えるだろう。そして、自分でもフリペをつくってみたくなるかもしれない。

こんな街でも一箱古本市

第二部で紹介した以外に地方で開催された、一箱古本市を挙げてみます。

2008年4月には、那覇の古本屋〈とくふく堂〉の店の前で「日本一小さな一箱古本市」を開催。同年5月には、神戸のライブハウス〈ZINK〉で「文學☆トゥナイト!」があり、その中で一箱古本市コーナーが出たそうです。6月には盛岡の〈岩井沢家ギャラリー〉で地域雑誌『てくり』のイベントがあり、そのひとつとして「りんご箱古本市」が行なわれました。

また、鹿児島では2008年7月と2009年4月の二度行なわれており、後者は〈かごしま近代文学館・メルヘン館〉が会場でした。

2009年3月に、大阪の〈Common Cafe〉で「ひねもす古本市」を主催した喜多由佳さんは、こんな感想を伝えてくれました。

「愛着があるけれどやむなく手放さなければいけなくなった本や、自分にとっての役目は終えたけれども、また誰かのところで利用されたらいいなぁと思う本を、たんに古本屋に処分するのではなく、自分の手で誰かの元に届けることができたら素敵だなと思って、このイベントを開きました。当日は25箱・36人が店主となって本を売りました。古本市の合間にライブを行なったことで、音楽好きの方と読書好きの方の両方に新しい出会い・発見があったのではないかと思います」。

「ひねもす古本市」は今年10月に、第2回を開催しました。

ほかにも北九州で「とほほん市」、奈良で「大門玉手箱」、佐賀で「BOOKマルシェ佐賀」など、さまざまな形式・規模での一箱古本市が開催されています(巻末の年表参照)。いずれは、これらすべての一箱古本市を回ってみたいものです。

第　三　部

書とともに街に出よう

二　本は読まれなくなった？──

第一部と第二部では、全国各地で行なわれている「ブックイベント」の状況をお伝えした。これらのイベントの特徴は、「本」の仕事に携わる人たちを中核としつつも、一般の本好きの人たちが多く参加していることだ。その中には、「本を読まない」と決めつけられがちな、いまどきの若者たちもたくさんいる。

ぼくは、一九九七年から二〇〇五年まで、『季刊・本とコンピュータ』（大日本印刷ＩＣＣ本部発行）という雑誌の編集者だった。この時期、出版業界は大きな過渡期にあった。書籍の販売金額は一九九六年に、雑誌は一九九七年にピークを迎え、その後、右肩下がりになっていく。その落ち込みは、現在までずっとつづいている。

当時から、編集者や新聞記者が集まる場所で、かならず出てくるのは、「本が読まれなくなった」という物言いだった。彼らは、インターネットや携帯電話の普及で若い人たちが本を買わなくなったということを、なぜか、じつに嬉しそうに話していた。だから、出版業界が落ち込むのも当然だ、俺たちのせいじゃない、とでもいうように。

しかし、永江朗が指摘するように、毎日新聞社の読書世論調査では、一九七〇年代から現在まで、総合読書率（書籍、週刊誌、月刊誌のいずれかを読んでいる人の率）は七〇パーセント前後を行き来している（永江朗『本の現場』ポット出版、二〇〇九）。

本は新刊書店でのみ手に入るのではない。古本屋もあれば、ブックオフのような新古書店もある。図書館で借りることも、友人から借りることもある。本との出会いには、さまざまなルートがある。本書で取り上げたようなブックイベントも、その多様なルートのひとつなのだ。

ここでは、この二十年ほどの「本との出会い方」の変化をたどることで、読者がどのように変わったかを考えてみたい。

二　読書ノートから

しばらく、私的な回想にお付き合いいただきたい。

手元に一冊の大学ノートがある。大学に入った一九八六年に読んだ本を記録したものだ。この年読んだ本は全部で三百三十七冊。一日にほぼ一冊読んだ計算になる。

当時どんな本を読んでいたか、ランダムに抜き出してみよう。

尾辻克彦『シルバーロード』（創樹社美術出版）、山田風太郎『警視庁草紙』（文春文庫）、隆慶一郎『吉原御免帳』（新潮社）、呉智英『大衆食堂の人々』（情報センター出版局）、半村良『夢の底から来た男』（角川文庫）、かんべむさし『公共考査機構』（徳間文庫）、泡坂妻夫『亜愛一郎の狼狽』（角川文庫）、出久根達郎『古本綺譚』（新泉社）、小林信彦『ぼくたちの好きな戦争』（新潮社）、紀田順一郎『古本屋探偵登場』（文春文庫）、山下洋輔『ピアノ弾き乱入元年』（徳間文庫）、種村季弘『書物漫遊記』（筑摩書房）、高橋源一郎『ぼくがしまうま語をしゃべった頃』（ＪＩＣＣ出版局）、荒俣宏『パラノイア創造史』（筑摩書房）、夢野久作『ドグラ・マグラ』（角川文庫）、コナン・ドイル『シャーロック・ホームズの冒険』（新潮文庫）、スティーヴン・キング『呪われた町』（集英社文庫）……。

このノートを見た知り合いの編集者が、そこから抜粋して少部数の冊子をつくってくれた（『ぼくが食らいついた本たち～１９８６年の読書ノートから』入谷コピー文庫、二〇〇七）。それを十五歳年上の知人に送ったところ、次のようなメールをもらった。

「率直にいって、時代の差をつくづく感じました。十八歳で、大学一年で、こんな〈オモシロ本〉を読んでいていいのか、キミには知的虚栄心がないのか、正直そう思いました。そう、自分のころはまだ旧制高校生的知的虚栄心がまだ生き残っていたのですね。あなたの世代にはこうしたバカげたものとは完全に無縁で、それがなんだかとっても羨ましく思ってしまいました」

たしかに、このノートの大半を占めるのは、SFやミステリー、冒険小説などのエンターテインメント小説だ。それも大半が文庫本として刊行されたものである。

一九七一年に講談社が文庫に参入したのを皮切りに、一九七三年に中央公論社、翌年に文藝春秋と各社が文庫を出しはじめ、いわゆる「第三次文庫ブーム」が起こった（その後、一九七七年に集英社が、一九八〇年に徳間書店が文庫に参入）。先行の新潮文庫も、帯を巻きつけグラシン紙を掛けただけの素っ気ない装幀をやめて、全点のカバー化を進めるとともに、一九七六年から「新潮文庫の100冊」フェアを開始している（『新潮社一〇〇年』新潮社、二〇〇五）。

このように、ぼくが自分の小遣いで文庫本を買い始めた一九七〇年代末は、いわば文庫の爛熟期だった。新レーベルの創刊にともなう発行点数の増加は、必然的に、「万人の必読すべき真に古典的価値ある書」（岩波文庫発刊の辞）だけではなく、幅広い種類の本の文庫化につながった。その典型が角川文庫である。

角川文庫は一九四九年に、創業者の角川源義《げんよし》によって創刊された。発刊の辞には、「古今東西の不朽の典籍を、良心的編集のもとに、廉価に、そして書架にふさわしい美本として、多くのひとびとに提供しようとする」とある。第一回配本はドストエフスキーの『罪と罰』だった。

岩波文庫、新潮文庫につづく第三の文庫としての位置を占めていた角川文庫だが、一九七〇年代に入るとしだいに内容が変わっていく。同文庫の一九七一年十月発行の解説目録には、大衆文学と呼ばれる日本人作家は、石坂洋次郎、黒岩重吾、源氏鶏太、獅子文六、松本清張ぐらいしか入っていない。しかし、末尾の追補には、笹沢佐保、野坂昭如、星新一、横溝正史、吉行淳之介らの作品が入っている。ちなみにこの年、源義の二人の息子である春樹が編集部長、歴彦《つぐひこ》が営業部長となり、若い読者を対象とした宣伝が行なわれるようになった（鎗田清太郎『角川源義の時代』角川書店、一九九五）。

そして、一九七三年の「夏の角川文庫フェスティバル」では、石岡瑛子がディレクションした鮮烈な映像とコピーのテレビ・ラジオＣＭが話題になった。アメリカの町で、車の上に文庫本をぶちまけ、「ジス・イズ・カドカワブンコ」とうそぶく若者のＣＭについて、角川春樹は「文庫本なんて商品に過ぎないことをはっきりさせたかった」と述べている。
一九七五年十二月発行の目録には、江戸川乱歩、大藪春彦、梶山季之、片岡義男、河野典生、小松左京、佐野洋、高木彬光、筒井康隆、寺山修司、畑正憲、眉村卓、山田風太郎などの作家が入っており、追補には赤江瀑、鮎川哲也、加藤登紀子、小林信彦、豊田有恒、半村良、平井和正、福島正実、光瀬龍、森村誠一、夢野久作らの名前が見える。

なかでも横溝正史は一九七一年の『八つ墓村』を皮切りに、毎年数点ずつ文庫化され、いずれも重版がつづいた。一九七六年に角川映画の第一作として『犬神家の一族』が上映されると、文庫の売り上げも飛躍的に伸び、四十冊で六百万部を突破した（佐藤吉之輔『全てがここから始まる』角川グループホールディングス、二〇〇七）。角川の映画と文庫との連携はその後も続き、高木彬光、大藪春彦、半村良、小松左京らのフェアが組まれた。

刊行点数が増えることは、ある作家の主要作品を読めることにもつながった。たとえば、都筑道夫は一九七七年七月の目録では三点だが、一九七九年七月には六点、一九八二年一月には二十一点、一九八五年七月には三十七点（一部品切れあり）と、うなぎのぼりに増えている。ここには主要な長篇から初期の短篇、ショートショートまでが収録されており、他社で刊行されているものも含めると、この作家のほとんどすべての作品を文庫で読むことができた。

　また、長篇の一挙掲載をうたい一九七四年に創刊した『野性時代』や、一九八一年スタートのカドカワノベルスは（創刊当初は「三年間文庫化しない」を売り文句にしていたにもかかわらず）、文庫への新たな供給源となった。

　ぼくが愛読していたのは、一九七七年創刊の雑誌『バラエティ』で、角川映画の広報誌的な性格ながら、マンガやエッセイに癖のある人を起用した。一九八三年から一九八六年まで連載された、南伸坊・鏡明・関三喜夫の座談会『シンボーズ・オフィスへようこそ！』には糸井重里、秋山道男、上杉清文、渡辺和博らがゲストに出ている。『読書家の新技術』の著者・呉智英もこの座談会の常連だった（完全版『シンボーズ・オフィスへようこそ！』フリースタイル、二〇〇三）。

　これと重なるように、一九八二年から八五年頃にかけて、椎名誠『わしらは怪しい探検隊』、村松友視『私、プロレスの味方です』、嵐山光三郎『チューサン階級の冒険』、糸井重里『私は嘘が嫌いだ』、篠原勝之『人生はデーヤモンド』、末井昭『素敵なダイヤモンドスキャンダル』、浅井愼平『気分はビートルズ』など、「昭和軽薄体」「面白主義」と呼ばれた一連のエッセイが次々に角川文庫に入った。

これらの書き手は、もともと『本の雑誌』『ぱふ』『宝島』『噂の眞相』『写真時代』といったリトルマガジンの常連であり、自分がひそかに注目していた書き手がメジャーになる姿を目撃したわけだ。また、一世代前の面白主義である、殿山泰司や久保田二郎のエッセイも角川文庫に収録されている。

だから、当時のぼくには、本といえば〈オモシロ本〉であり、そのことに疑問を抱いたことはない。たぶん、ぼくの周りにいた大学生たちも似たような読書傾向だったろう。

では、もっと前の大学生はどうだったか。

永嶺重敏『東大生はどんな本を読んできたか』（平凡社新書）に、一九七〇年代のある東大生の手記が紹介されている。先のメールの主とほぼ同世代だろう。そこには、次のような読書履歴が記されているという。

安部公房『箱男』、北川透『中原中也の世界』、大江健三郎『同時代としての戦後』、梯明秀『資本論への私の歩み』、津田道夫『国家論の復権』、丸山真男『日本の思想』、吉本隆明『共同幻想論』、竹内芳郎『言語・その解体と創造』、シクロフスキー『革命のペテルブルグ』、ルカーチ『歴史と階級意識』、城塚登『若きマルクスの思想』、中村雄二郎『言葉・人間・ドラマ』、中野重治『村の家』、ドストエフスキー『悪霊』、堀辰雄『風立ちぬ』、金井美恵子『愛の生活』、平岡正明『ジャズ宣言』、福田恆存《つねあり》、小島信夫、ロレンス、シェークスピア。

東大生と私大生という違いを考えても、書き写していて、あまりの落差に苦笑してしまった。

彼にあって、ぼくになかったものはなんだろうか？

自己弁護をしておけば、ぼくにだって〈知的虚栄心〉はあった（はずだ）。大学生の頃は、ニューアカデミズムや記号論が流行っており、それらの本に手を出したこともある。サークルの先輩が挙げた書名をメモして、図書館で探したりもした。

しかし、それらは「読みたい本」ではあっても、「読むべき本」ではなかった、という気がする。読んでおかなければ恥ずかしいとか、教養や思想のために読むという意識はまったくなく、自分が読みたいから。ただそれだけだった。

少なくともぼくの周囲では、この時期の多くの大学生はすでに、共通の「読むべき本」を持っていなかったのではないか。

―「こう読むべし」からの脱却―

出口一雄『読書論の系譜』（ゆまに書房、一九九四）には、沢柳政太郎の『読書法』（一八九二）、田中菊雄の『現代読書法』（一九四二）、河合栄治郎編『学生と読書』（一九四九）をはじめとして、日本で刊行された読書論の文献が約七百五十点掲載されている。

そこで説かれているのは、「何のために本を読むのか」という読書の意義であり、「こう読むべし」という読書の姿勢だった。

しかし、一九八〇年代に入ってからは、「私はこう読んだ」「こんな読み方もある」という読書論・読書エッセイが増えてきた。

たとえば、鹿野政直『岩波新書の歴史』（岩波新書、二〇〇六）から、岩波新書の読書に関する書目を拾ってみると、小泉信三『読書論』（一九五〇）、モーム『読書案内―世界文学―』（一九五二）、大内兵衛ほか『私の読書法』（一九六〇）、梅棹忠夫『知的生産の技術』（一九六九）、松田道雄『私の読んだ本』（一九七一）、「図書」編集部『私の読書』（一九八三）、内田義彦『読書と社会科学』（一九八五）などが見つかる。タイトルに「私」が含まれているものもあるが、どれも「こう読むべし」という姿勢と無縁ではない。

それが、一九八七年に椎名誠の『活字のサーカス　面白本大追跡』が出て以後は、筒井康隆『本の森の狩人』（一九九三）、奥本大三郎『書斎のナチュラリスト』（一九九七）、関川夏央『本よみの虫干し　日本の近代文学再読』（二〇〇一）、椎名誠『活字の海に寝ころんで』（二〇〇三）と変わっていく。

これらのタイトルからも判るように、教養や思想の枠組みにしたがって古典から順に読んでいくような読書よりも、自分の好みや感覚で、気ままに読んでいく読書が主流となっている。教養主義の牙城とも云える岩波新書でさえこうなのだ。

また、古本関係の本（以下、古本本と呼ぶ）についても、変化がみられる。それまでは「古本」と云えば、高級、専門的な本、マニアック、近寄りがたい、というイメージが強くあった。それを反映して、一九九〇年代半ばまでの古本本の著者は、反町《そりまち》茂雄をはじめとする古書業者か、紀田順一郎などの書物評論家で、取り上げられる本も稀覯本、古典籍、初版本などが中心だった。そこでは、値段が高いことに価値があった。自著のなかで、「雑本」の魅力を語っていたのは、植草甚一と『日本ＳＦこてん古典』の横田順彌、そして古書店主から作家になった出久根達郎ぐらいではなかったか。

しかし、一九九六年に出た唐沢俊一『古本マニア雑学ノート』や池谷伊佐夫『東京古書店グラフィティ』あたりから、古本本の書き手は、古本好きのライターや作家、サブカルなどの新しいジャンルに強い古書店主にシフトしていく。とくに晶文社は、高橋徹『古本屋　月の輪書林』、坪内祐三『古くさいぞ私は』、内堀弘『石神井書林　日録』、田村治芳『彷書月刊編集長』、野崎正幸『駈け出しネット古書店日記』などの古本本を続々刊行した。また、ちくま文庫も、タイトルに「古本」あるいは「古書」が付く本を次々と出しはじめる。そこで使われている「古本」は、以前のような近寄りがたいイメージではなく、雑多、サブカルの本、おたく的、面白い、というイメージがこめられている。「雑本」や「均一本」などのキーワードも目につくようになった（この延長として、ブックオフなどの新古書店の積極的評価がある）。

これらの読書論や古本本の多くは、「こう読むべし」という教養主義的なスタンダードを後退させ、もっと自由に、もっと幅広く本を読むことを勧めている。古典を勧める場合にも、自分なりの読み方を良しとしている。「本は好きなように読めばいい」という姿勢が定着したのだ。

二　能動的な読者　二

これまでの読書においては、知識人や出版社が新しい思想や作家を供給し、それを読者が享受するという一方的な関係が成り立っていた。読者が読んだ本についての意見を交わしたり、情報を共有したりできるのは、口コミを除けば、同人誌やパソコン通信などの限られた場所でしかなかった。

しかし、インターネットの登場により、現在では、読書の供給＝需要の関係がもっと複雑になっている。

まず、読者の声が聞こえるようになった。読者は自分の反応を、出版社や作家やほかの読者に、直接届けることが可能になった。

そして、インターネットで本を買うことが普通になった。巨大オンラインショップ「アマゾン」をはじめとして、古書組合の「日本の古本屋」やオンライン古書店などで本が買える。買うだけでなく、個人が本を売ることも、アマゾンのマーケットプレイスやヤフーオークションなどの普及で珍しくなくなった。

また、本に関する情報も簡単に手に入る。出版社のサイトでは新刊情報を得られるし、図書館のサイトでは読みたい本をリクエストできる。さらに、国立国会図書館の「近代デジタルライブラリー」では、明治・大正期に刊行された約十五万冊の本文が画像で閲覧できる。

一九九〇年代後半に、「インターネットの発達で紙の本は不要になるのではないか」という議論がされたが、事実は逆で、インターネットは紙の本を手に入れるための、最大のツールになっているのだ。

二十一世紀に入ると、ウェブサイトより手軽に更新できる「ブログ」（ｂｌｏｇ）が普及する。このブログの中には、古本、新刊、書店などの本に関する話題を載せるものが多くみられる。

ぼくが「書物ブログ」と呼んでいるそれらを、おおざっぱに分類してみよう。

1．情報系

新刊や書店の開店、イベントなどネット上に掲載されている情報をいち早く拾ってきて紹介する。

2．購書・読書日記系

買った本のリストや、読んだ本についての感想。書評と呼ぶには中学生の作文みたいな感想も多いが、鋭い意見に出会うこともしばしば。

3. 古本ネタ系

古本屋や古本の話題。かなり濃い人たちが多い。

4. 調査研究系

大学の研究者や大学院生、民間学者らの覚え書き。ココで知った新事実も多い。

5. 現場系

新刊書店、古書店の店主や店員、図書館員たちによる裏話。

6. 著者・版元系

作家・ライター・評論家らが自著の話題や近況を書くもの。また、更新の手軽さからブログを始める出版社や書店が増えている。

そこでは、新刊情報、トークショーやサイン会、新刊書店や古書店、装丁やイラスト、作家の動向などさまざまな話題が載っている。

特徴的なのは、その本を「どう読んだか」ということよりも、「どうやって手に入れたか」

という話題が多いことだ。また、本の内容（テキスト）だけでなく、文字の組み方やレイアウト、カバーの手触り、誰が編集・デザインしたかまでを含んでの、いわば「本の周辺」が語られている。

彼らは、自分たちがどんな本を求めているかを外に向かって発信している。気に入った作家や本は大プッシュし、売れている本でも内容に不満があれば批判する。もちろん、「この本を読んで感動をもらいました」みたいなたんなる感想もあるし、ヒステリックな罵りもあるのだが、新聞の書評欄で取り上げられないマイナーな本を紹介したり、雑誌の出版関係の記事を丹念に拾い上げたりしてくれる、信頼に足るブログも多い。ある作家の書誌を何年もかけてまとめているブログもある。

ネットの世界だけでなく、ミニコミやフリーペーパーなど、あえて紙のカタチで、自分の考えやイメージを伝えようとする人たちもいる。その中には、商業誌が切り捨ててしまった可能性を感じさせるものが多い。

彼らは、読んだ本を身のうちに取り込むだけにとどまらず、そこで得たものについて多くの人と話し合ったり、情報として提供したりしている。読んだり、買ったりするだけでなく、本と遊んでいるのだ。ぼくは彼らを「能動的な読者」と呼びたい。

出版社の側も、こういった読者を意識し始めている。

たとえば、ちくま文庫や講談社文芸文庫では、復刊を希望するタイトルを読者から募集し、リクエストの多いものを復刊するという試みを行なっている。また、かつてよく読まれた本や、埋もれた名作と云われる本に解説などを加えて復刊することも盛んだ。二〇〇六年からはじまった光文社古典新訳文庫は、古典を読みやすい新訳で刊行することで、多くの読者を得ている（亀山郁夫訳『カラマーゾフの兄弟』全五巻は、計百万部以上売れたという）。

書店においても、これまではサイン会が主流だったが、最近では著者によるトークショーが増えている。毎週「トークセッション」を行なっているジュンク堂書店（池袋店・新宿店）をはじめとして、青山ブックセンター、紀伊國屋書店、東京堂書店などでトークショーが開かれている。読者にとっては、著者を身近に感じられる機会であり、著者にとっても、読者のニーズを直接知ることができるチャンスになっている。

また、従来の新刊書店や古書店とは違うタイプの店として、本を展示したり販売したりするカフェやギャラリーが増えている。いわゆる「ブックカフェ」と呼ばれるそれらの空間には本だけでなく、グッズやポストカード、ミニコミなどが置かれ、椅子に座ってコーヒーを飲みながら本を読むこともできる。そこでは、本を買うだけでなく、手に取ってみることや、置かれている場所の雰囲気を愉しむことも重要になっている。出版社・著者と読者との距離が近くなっているとともに、本に出会う場所が多様化していると云えるだろう。

―古本イベントの隆盛―

古本の世界でも、変化が起きている。

新刊書と同じく古書業界でも、一九九〇年代半ばから、全体の売り上げは下がりつつある。家族経営の街の古本屋が減少し、デパートでの古本市の数も減っている。大学や図書館の予算が削られたことで、これまで安定して売れていた専門書、基本書の相場が下がっている。業界全体が縮小傾向にあることは否定できない。

その一方で、一種のノスタルジアも手伝ってか、さまざまな古本本が出版され、雑誌でも古書店特集や神保町特集が多く組まれている。これらの影響により、従来の古書マニアではないヒトたちが、古本の面白さに気づき、この世界に参入してきた。古本の敷居が低くなったとも云えるだろう。

もうひとつは、女性が増えたこと。それまで古書展の客はホトンドが男性だったが、ここ数年は、デパートの古書市でも古書会館の古書展でも、かならず複数（ときには十人近く）の女性を見かけるようになった。古本を見る場合にも、「カワイイ」「キレイ」などのように従来と違う評価軸が生まれた。

それにともなうように、古本に関するイベントが増えてきた。

まず、オンライン古書店の動きがある。一九九〇年代後半から、雨後のタケノコのように、個人の運営によるオンライン古書店が生まれた。それらの店主の多くは、古本好きであっても古書業の経験がなく、自分の蔵書を並べるところからスタートしている。ココでは、店主と客の距離はきわめて近いし、インターネットを使ってのコミュニケーションもとりやすい。

オンラインでの動きは、そのうちオフラインでも展開されるようになった。オンライン書店が主催するイベントである。

ライターの北尾トロさんの〈杉並北尾堂〉は、二〇〇〇年から〇四年まで毎年、西荻窪の〈カフェサパナ〉で期間限定のブックカフェを開いた。また、二〇〇二年から〇四年には、北尾氏が中心となって、オンライン古書店の合同イベントも行なわれた。渋谷パルコ〈ロゴスギャラリー〉で開催された古書展である。

「オンナコドモの本」を扱うことで、多くのファンを獲得している〈海月書林〉も、定期的に古本イベントを行なっている。二〇〇一年、名古屋の書店〈コロンブックス〉での合同イベントに参加したのを皮切りに、〇二年一月には高円寺のカフェ〈Ｍａｒｂｌｅ〉で「古本生活」と題するイベントを、十月には荻窪のカフェ〈ひなぎく〉で古本イベントを行なった。そして二〇〇六年七月からは、ひなぎく内に実店舗も持った（二〇〇八年九月に閉店）。海月書林が発行するミニコミ『いろは』は、多くの熱狂的な読者を得ている。

また、本に関する展示も増えている。先の、ひなぎく、〈ロバロバカフェ〉、〈よるのひるね〉、大阪の〈カロ〉、〈貸本喫茶ちょうちょぼっこ〉、〈アトリエ箱庭〉、神戸の〈トンカ書店〉などのブックカフェ、古本屋では、豆本や手づくり本、コレクションの展示を行なったり、個人や小さな店が出品する古本市を開催したりしている。オンライン古書店から発展して、代官山に出店した〈ユトレヒト〉は、自主企画の展覧会にあわせて、関連する古本や出版物を販売している。

三鷹〈上々堂〉では岡崎武志さん、浅生ハルミンさん、南陀楼綾繁が、そして早稲田〈古書現世〉では浅生さんが自分で選び、値段をつけた本を並べるという「店舗内店舗」の動きも見逃せない。新刊書店でも、神保町〈東京堂書店〉に坪内祐三さんが選んだ古本を並べるコーナーができている。

業界外での古本イベントとして、最初に大きな成功を収めたのは、二〇〇三年にスタートした、京都の新刊書店〈恵文社一乗寺店〉での「冬の大古本市」だろう。年末年始にかけて、ギャラリースペースで開催し、関西や東京からオンライン古書店や本好きの個人など十数店が参加した。人気のある棚は、すぐに完売し、補充が追いつかないほどだったという。

古書業界（ここでは古書組合加盟の古書店を指す）も、古本をめぐる気分の変化に気づかなかったワケではない。サブカル専門店を出店したり、古書展での品揃えを変えたりという対応は行なう店はいくつかあった。しかし、「外」の動きに比べると、あまりにも遅かったし、思い切りに欠けていた。

数少ない先駆的な動きに、〈古書日月堂〉と〈古書サンエー〉がある。日月堂の佐藤真砂さんは、二〇〇一年の「女性古書店主のつくる棚」を皮切りに、二〇〇二年の「雑誌マニア」「絵葉書の愉しみ」、二〇〇三年の「ウルトラモダン」、二〇〇四年の「ムラカミさん家の昭和三代」と、渋谷パルコ〈ロゴスギャラリー〉を舞台とする古本イベントを、自ら企画、コーディネートしてきた。二〇〇四年と翌年に行なった「印刷解体」では、会場に活版印刷機を持ち込み、その場でつくった活字を売るなど大胆な試みを行なった。

古書サンエー（渋谷）の二代目である山路和広さんは、二〇〇三年に渋谷古書センターの二階に〈フライング・ブックス〉をオープン。本屋でもあり、バーでもあり、イベント空間でもあるという場所をつくった。その活動は、著書『フライング・ブックス』（晶文社）に詳しい。

しかし、古書業界として、新しい動きにチャレンジしたのは、二〇〇三年十月に東京古書会館で開催された「アンダーグラウンド・ブック・カフェ　地下室の古書展」（以下、UBC）が最初だった。点数を少なくして本を見やすくしたり、カフェを併設したり、トークや映画上映などのイベントを行なったりしたことで、これまで古書会館に足を踏み入れたことのないヒトたちを多く集めた。UBCは二〇〇八月までに十一回開催され、いったん終了している。また、大阪古書会館でも、古書即売とイベントをあわせた「モダン古書展」を開催している。

業界の「外」の動きに、ようやくプロが追いついてきたと云えるだろう。

二　そして、本は「ストリート」へ

二〇〇五年四月にぼくたちが「一箱古本市」をはじめた直接のきっかけは、第一部で述べたとおりだが、間接的には、このような読者の変化とブックイベントの動きを前提としている。そうでなかったら、一箱古本市はここまで多くの人々に支持されることはなかっただろう。一箱古本市をはじめとする、最近のブックイベントの特徴をもう一度まとめてみよう。

1．業種やプロ・アマを問わないこと

従来の本に関するイベントの多くは、出版業界や書店業界、読書運動の団体によるものだった。それらのイベントは、本の販売では新刊なら新刊のみ、古書なら古書のみと分けられていたし、シンポジウムや講演会も一般の人には参加しにくい雰囲気があった。しかし、最近のブックイベントは、出版社の社員や書店員、編集者、ライターなど「本」の仕事に関わる人たちが、個人の立場でジャンル横断的に集まって運営されている。そこには、学生を含む一般の本好

きも多く参加しており、経験や職能による分担はあっても、プロ・アマの垣根は非常に低い。また、売る側にも買う側にも、女性の姿が目立つ。これは従来の古書の世界にはありえなかった現象だ。

2. 送り手（店主）と受け手（客）の距離が近いこと

一箱古本市では、誰でも「本屋さん」になって、自分の理想の書棚をカタチにすることができる。そのため、いちど客として見にきた人が、次には店主として参加することはよくある。逆に、いちど店主を体験した人が、次は客の立場で回ってみたいということもある。また、イベントを裏側から支える「助っ人」（ボランティア）になることで、「自分も一緒につくり上げているのだ」という実感を味わう人もいる。立ち位置がとても近いというか、立場が入れ替え可能なのだ。

3. 本に対する感度がつよいこと

一箱古本市の店主の多くは、ブログやサイトを持っており、そこで本についての感想や考えを披露している。彼らは新刊書店や古本屋を回ったり、トークや展覧会に足を運んだりする能動的な読者である。一箱古本市の「本屋さんごっこ」も、その表現行為のひとつであり、準備から持っていく本の一覧、当日の感想まで詳しく書いている人が多い。一箱古本市を通じて感じたのは、いまでは本を買うことも、読むことも、売ることも、それについて語ることも書くことも、等価な行為になっているというコトだ。このイベントではそのすべてを同時に経験できる。そのことによって、本と遊ぶことができるのだ。また、回を重ねるごとに、本の選び方からディスプレイまで工夫を凝らした箱が増えていく。誰から要求されたわけでもなく、自然とそうなるのには、いつも驚かされる。

4. 本によって街と人がつながる

街を舞台にしての音楽やアートのイベントはこれまでにもあったが、本が路上に出ていくことはなかった。本を屋内や個人の部屋に閉じ込めるのではなく、ストリートに開放することで、「書を捨てよ、町へ出よう」（寺山修司）ならぬ

「書とともに街に出よう」という姿勢が生まれた。そして、これまで関係を持たなかった街と人が、つながっていく。とくに一箱古本市では、それぞれの事情や条件にあわせて、規模ややり方を変えることができる。一箱古本市は、地域の違いや特性をあぶりだす装置でもあるのだ。

ブックイベントは、プロだけが本を扱うのではなく、一般の人たちのアイデアや力によって、もっと本を楽しく、自由なものにできることを明らかにした。そして、本は街の中に溶け出している。

いま出版業界は、大きな岐路に立っている。新刊書店や古書店の数は減っているし、雑誌の廃刊が相次いでいる。出版業界のパイは、この先、ますます小さくなるだろう。

そんな状況下でブックイベントが盛んになったからといって、そんな動きは全体に影響がない、それよりも出版危機をどうするかのほうが先決問題だ。と一蹴する業界人は多いだろう。たしかに、ぼくが紹介したような例は、本の世界全体で見れば、小さな変化かもしれない。また、シロウトによる安易な「本屋さんごっこ」によって、ゲーム感覚で本の売買をすることは、古本の価格破壊の一因だという批判もあるかもしれない。

読者についても同様で、自由であることには、つねに危なっかしさが付きまとう。これまでのように「教養」にとらわれなくなった代わりに、別の何かにからめとられているかもしれない。一箱古本市でもいっけん「個性的」に見える箱が、隣の箱とそっくりであることがけっこう多い。

しかし、そういった面はあるにしろ、ブックイベントに集まる人たちが、本をめぐる状況をもっと変えたい、もっと面白くしたいと真摯に考えていること、そして、そういう思いを共有できる人と出会いたいと切望していることは確かなのだ。そういった能動的な読者がもっと増えてくれれば、ブックイベントはこれまで以上に全国に広がっていくだろう。

これから先、街の中心地に小さいながらも個性的な新刊書店や古本屋が戻ってくる可能性は、残念ながら低いかもしれない。しかし、地方のそれぞれの町でブックイベントが盛んになれば、そこに参加した人が本に関する新しい動きをはじめることは充分に考えられる。その中の誰かが、ぼくたちが想像しなかったようなカタチで、本屋さんをはじめることもあるかもしれない。そうやって、ブックイベントというお祭りが、日常的な本との付き合い方を変えていけばいい。

そんな未来を、ぼくは思い描いている。

――おわりに 「ミスター一箱古本市」と呼ばれて――

こんなに続くとは、夢にも思わなかった。

たしかに、子どものころから本が好きで、現在はライター・編集者として本に関することなら何でも扱うという、公私ともに本まみれの人生を送ってきたが、出不精で飽きっぽいうえに、「人の顔が覚えられない」ことでは自他共に認めるぼくのことだ。多くの人たちと一緒に何かをやることはないだろうと思っていた。

それが、いつの間にか「本屋さんごっこ」の楽しさにハマってしまった。不忍ブックストリートはもちろん、各地の一箱古本市やブックイベントに顔を出し、「ミスター一箱古本市」という、かなり気恥かしい称号で呼ばれることも多くなった。

一箱古本市がはじまった二〇〇五年春は、ぼくが八年間籍を置いていた『季刊・本とコンピュータ』が終刊し、完全にフリーランスの立場になった時期だった。よりによってそんなときに、収入につながらないイベントをはじめてしまったのだ。これからの生活への不安を感じながらも、ブックイベントの「儲からないことの楽しさ、美しさ」を強調する文章をブログで書いたために、怒った妻が家出するという事件も起こった。

ぼくだけではない。各地のブックイベントでも、主催者は自分の仕事を抱えながら、睡眠時間を削ってまで頑張っている。運営の主体が「個人」の集まりで、自治体や業界団体などによる公的なイベントでないから、協賛金は期待できないし、公共施設も借りにくい。また、告知も自分たちでやるしかない。収支はトントンか、時には赤字が出るぐらいだ。

それなのに、なぜブックイベントをやるのだろう?

他人のためではない。少なくともぼくには、街おこしやコミュニティーづくりという意識も薄い。ただ、自分が楽しいから、やりたいからやっているだけなのだ。

もちろん、はじめたものをつづけるためには、それなりの裏付けが必要だ。ブックイベント自体が収益を生むことはなくても、それが何らかのかたちで関わっている人たちのメリットになってほしい。店なら集客につながるとか、個人が新しいビジネスをはじめるとか。ぼくがライターの「仕事」として本書を出すことができたのも、儲からない「私事」に何年も関わってきたご褒美なのかもしれない。

本書は、ブックイベントに関わっているさまざまな人たちの声で成り立っている。直接お会いして話を聞かせてもらったり、メールでの取材に応えてくれた皆さんに感謝したい。

また、本書で取り上げたブックイベントのほとんどで、ぼく自身の企画によるトークや展覧会などを実現させてもらった。振り返ってみると、この五年間、じつにさまざまな場所に出没し、いろんなヒトを相手にトークイベントを行なっている。そういう機会がなかったら、ここまで各地に足を運べなかったと思う。

だから、本書でのぼくは、取材者でありながら当事者という、不思議なスタンスをとらざるを得なかった。そのため、自分が当事者でないブックイベントについては、本書では取り上げていない（それらの一部は年表に挙げておいた）。


光文社新書編集部の小松現さんが、「読書について書いてみませんか」と云ってくれたのは、二〇〇五年の初頭だったと思う。自分なりの読書論を書いてみたいと、何度も目次案を直してみたものの、どこから取りかかればいいのか判らず、呆然として日々は過ぎた。

その後、一箱古本市が盛んになり、地方にも波及していったことを受け、ようやく具体的なイメージが湧きはじめた。

そこで、『本が好き!』の二〇〇八年十二月号から二〇〇九年十一月号まで、各地のブックイベントを取材した連載をさせてもらった（残念ながら、連載が終わる頃に同誌の休刊が決定した)。

連載タイトルの「本町通《ブックストリート》りを歩こう」は、シンクレア・ルイスの小説『本町通り』からいただいたもの。地方都市の中心部によくみられる地名の「本町」と、ブックイベントの行なわれる「本の町」という意味を込めている。

本書の第一部、第二部は、この連載を大幅に書き直したものだ。なお、第三部は二〇〇八年に出版文化産業振興財団(JPIC)の「読書アドバイザー養成講座」のテキストに書いた原稿をベースにした。

また、古本情報誌『彷書月刊』などでの取材の成果も反映させた。

企画から雑誌連載、その後の書き直しまで、根気良く付き合ってくださった小松さんに感謝したい。

また、不忍ブックストリートの実行委員、店主さん、大家さん、助っ人の皆さんがいなければ、この本は生まれませんでした。

最後に、「本と遊ぶ」ことに我を忘れがちなぼくに腹を立てながらも、毎年「不忍ブックストリートＭＡＰ」のイラストを描いてくれる妻・内澤旬子に、いつもありがとう。

二〇〇九年十月六日　「秋も一箱古本市」の前に

南陀楼綾繁

〈関連 URL 一覧〉　※2009年10月末現在

第一部
「不忍ブックストリート」http://sbs.yanesen.org/
「しのばずくん便り」http://d.hatena.ne.jp/shinobazukun/
「秋も一箱古本市」http://d.hatena.ne.jp/seishubu/
「ナンダロウアヤシゲな日々」http://d.hatena.ne.jp/kawasusu/

第二部
「BOOKUOKA」http://www.bookuoka.com/
「BOOKMARK NAGOYA」http://www.bookmark-ngy.com/
「Book! Book! Sendai」http://bookbooksendai.com/
「わめぞ」http://d.hatena.ne.jp/wamezo/
「茶房　高円寺書林」http://kouenjishorin.jugem.jp/
「米子・まちなか一箱古本市」http://yhitohako.exblog.jp/
「お好み本ひろしま」http://www.bookrainbow.com/okonomi/
「追分コロニー」http://www11.plala.or.jp/colony/
「まちとしょテラソ」http://www.machitosho.com/
「高遠ブックフェスティバル」http://takatobookfestival.org/
「Calo Bookshop & Cafe」http://www.calobookshop.com/
「トンカ書店」http://www.tonkabooks.com/
「café de poche」http://cccc.raindrop.jp/cdp/

〈写真提供〉

谷根千ウロウロ／53ページ
ブックオカ実行委員会／81，85，91ページ
旅猫雑貨店／133，134ページ
茶房　高円寺書林／166ページ
夢蔵プロジェクト／172，173ページ

■全国ブックイベント年表　二〇〇一～二〇〇九

協力　「空想書店　書肆紅屋」http://d.hatena.ne.jp/beniya/
「退屈男と本と街」http://taikutujin.exblog.jp/

※東京開催のイベントは地名を、それ以外は市町村名を示した

年	月	場所	事項
二〇〇一年（平成十三）	十一月	渋谷	女性古書店主たちのつくる棚（ロゴスギャラリー） ※古書日月堂ら六店が参加
二〇〇二年（平成十四）	一月	高円寺	〈海月書林＋Ｌｏｕｌｅ〉古本生活 ※以後、大阪、東京、神戸、広島などで古本イベントを開催
	九月	渋谷	〈古書日月堂〉古雑誌マニア（ロゴスギャラリー） ※以後、テーマを変えて二〇〇七年まで開催
	十月	池袋	本屋さんでお散歩～「ｓｕｍｕｓ」が選ぶ秋の文庫・新書１００冊（リブロ池袋店＆青山店）
	十一月	渋谷	オンライン古書店主顔見せ興行（ロゴスギャラリー） ※杉並北尾堂ら八店が参加。翌年も開催
二〇〇三年（平成十五）	十月	神保町	アンダーグラウンド・ブック・カフェ　地下室の古書展（東京古書会館）

			※以後、二〇〇八年六月に終了するまでに十一回開催
	十二月	京都	〈恵文社一乗寺店〉冬の大古本市 ※以後、毎年年末に開催
二〇〇四年（平成十六）	二月	神保町	岡崎武志古書遊覧（三省堂書店神保町本店） ※古本販売、トークほか
	四月	大阪	〈貸本喫茶ちょうちょぼっこ〉おとなの古書市 ※以後、年数回古本市を開催
	七月	大阪	大人の「課題図書」（Ｃａｌｏ Ｂｏｏｋｓｈｏｐ ＆ Ｃａｆｅ） ※以後、不定期に古本市を開催
	七月	千駄木	〈南陀楼綾繁〉第一回モクローくん大感謝祭（古書ほうろう） ※古本販売、トークほか
	十一月	渋谷	新世紀書店・仮店舗営業中（ロゴスギャラリー）
二〇〇五年（平成十七）	四月	大阪	モダン古書展（大阪古書会館）
	四月	谷中・根津・千駄木	不忍ブックストリートの一箱古本市 ※二〇〇六年からは秋も開始。以後、春・秋の二回開催。春は二〇〇八年から二日開催
	十月	神戸	〈海文堂書店〉ちんき堂フェア ※古本販売。以後、二〇〇九年十月までに「海文堂の古本市」を五回開催
二〇〇六年	一月	経堂	〈ロバロバカフェ〉新春・古本市

（平成十八）	二月	阿佐ヶ谷	〈よるのひるね〉よるひるふる ※以後、年一回開催
	七月	仙台	〈火星の庭〉一箱古本市 ※以後、年数回開催
	十月	福岡	BOOKUOKA（ブックオカ） ※「けやき通り一箱古本市」ほか。以後、毎年秋に開催
	十一月	銀座	〈貸本喫茶ちょうちょぼっこ＋古本ユニットr:icca〉夜と古本（Gallery Bar Kaj:ima）
	十二月	早稲田	古本市　夜・昼（立石書店）
二〇〇七年（平成十九）	二月	神保町	〈ブック・ダイバー〉古本寄港市 ※第二回より「ふるぽん寄港市」。以降、年数回開催
	二月	池袋	〈わめぞ〉外市（古書往来座） ※以後、隔月で開催
	三月	深川	新春・彷書月刊まつり（深川いっぷく） ※企画はリコシエ。「いっぷくいっぱこ古本市」など。以後、古本市は何度か開催
	四月	西荻窪	昼本市（柳小路通り飲食街） ※以後、年数回開催（〜二〇〇八年）
	五月	高円寺	ちょこっと古本市（茶房　高円寺書林）
	八月	早稲田	〈わめぞ〉ウィークエンド・ワセダ（古書現世、立石書店）

			※同年十二月に第二回開催
	八月	大泉学園	〈ポラン書房〉２箱３日古本市 ※二〇〇八年二月に第二回開催
	八月	京都	〈ガケ書房〉下亀納涼古本まつり
	十月	代々木上原	ＰＵＲＥ ＢＯＯＫＳ（ギャラリーＨａｋｏ） ※主催は古書モダン・クラシック
	十月	京都	秋のまほろば古本市（まほろば）
二〇〇八年（平成二十）	二月	名古屋	ＢＯＯＫＭＡＲＫ ＮＡＧＯＹＡ ※「名古屋大古本市」（リブロ店内）ほか。二〇〇九年には「一箱古本市in 円頓寺商店街」を開催
	三月	神戸	サンボーホールひょうご大古本市 ※会期中に一般参加の「ミニ古本市」を開催
	四月	目白台	〈わめぞ〉月の湯古本まつり ※以後、年数回開催
	四月	那覇	〈とくふく堂〉日本一小さな一箱古本市
	五月	神戸	文學☆トゥナイト！ＶＯＬ．３（ＺＩＮＫ） ※「一箱古本市」ほか
	六月	盛岡	Ｂｏｏｋ Ｃａｆｅ てくり（岩井沢家ギャラリー） ※「りんご箱古本市」ほか

	六月	雑司が谷	〈わめぞ〉鬼子母神古本まつり（鬼子母神境内）
	六月	京都・東京	岡崎武志・山本善行『新・文學入門』刊行記念フェア ※ガケ書房、ジュンク堂書店京都ＢＡＬ店、三省堂書店神保町本店、青山ブックセンター本店などで古本販売
	七月	鹿児島	一箱古本市（林ビル）
	九月	米子	米子・まちなか一箱古本市 ※二〇〇九年十月に第二回開催
	十月	京都	〈メリーゴーランド〉小さな古本市 ※二〇〇九年十月に第二回開催
	十一月	雑司が谷	〈わめぞ〉みちくさ市（鬼子母神通り） ※以後、年数回開催
二〇〇九年（平成二十一）	三月	大阪	ひねもす古本市（Ｃｏｍｍｏｎ Ｃａｆｅ） ※十月に第二回開催
	三月	境港	子己庵・一箱古本市
	三月	北九州	とほほん市（小倉・京町銀天街） ※十一月に第二回開催
	四月	仙台	〈あったかこころねっと〉定禅寺ブックストリート・一箱古本市 ※十月に第二回開催
	四月	鹿児島	一箱古本市（かごしま近代文学館・メルヘン館）

五月	高円寺	本の楽市（座・高円寺） ※新刊・古書の販売と「一箱市」。七月に第二回を開催
五月	広島	〈お好み本ひろしま〉空中一箱古本市（まちづくり市民交流プラザ）
六月	仙台	〈杜の都を本の都にする会〉Ｂｏｏｋ！Ｂｏｏｋ！Ｓｅｎｄａｉ ※「一箱古本市 in サンモール一番町」ほか
八月	奈良	大門玉手箱（大門市場）
八月	高遠	高遠ブックフェスティバル ※トーク、シンポジウムほか
九月	仙台	〈Ｂｏｏｋ！Ｂｏｏｋ！Ｓｅｎｄａｉ〉街を本と歩こう ※古本市、展示ほか
九月	小布施	まちとしょテラソ市（小布施町立図書館）
十月	神保町	日本の古本屋博（東京古書会館） ※体験古本市場、講演会ほか
十月	仙台	こしょこしょ古書市（東北学院大学）
十一月	広島	〈お好み本ひろしま〉ひろしまぶっくでいず ※「一箱古本市 in 袋町」ほか
十一月	佐賀	ＢＯＯＫマルシェ佐賀 ※「一箱古本市」ほか

主要参考文献

※順不同。本文で触れた文献を除く

〔第一部〕

森まゆみ『谷中スケッチブック』ちくま文庫、一九九四
森まゆみ『「谷根千」の冒険』ちくま文庫、二〇〇二
谷根千工房編著『ベスト・オブ・谷根千　町のアーカイヴス』亜紀書房、二〇〇九
南陀楼綾繁『路上派遊書日記』右文書院、二〇〇六
岡崎武志＋ＣＷＳ編『本屋さんになる！』メタローグ、二〇〇四
目黒考二『新装改訂版　本の雑誌風雲録』本の雑誌社、二〇〇八

〔第二部〕

武野要子著『博多　町人が育てた国際都市』岩波新書、二〇〇〇
永江朗『菊地君の本屋　ヴィレッジヴァンガード物語』アルメディア、一九九四
高橋英博『せんだい遊歩　街角から見る社会・学』北燈社、二〇〇九
藤井健児『仙台老舗百店史』ユーモア・アドバイス社、一九六八
狩野俊『高円寺　古本酒場ものがたり』晶文社、二〇〇八

本の学校編『書店の未来をデザインする』唯学書房、二〇〇八
長船友則『広電が走る街今昔』ＪＴＢパブリッシング、二〇〇五
近藤富枝『信濃追分文学譜』中公文庫、一九九五
北尾トロ『ヘンな本あります』風塵社、二〇〇三
北尾トロ・高野麻結子編著『新世紀書店　自分でつくる本屋のカタチ』ポット出版、二〇〇六
矢部智子『本屋さんに行きたい』アスペクト、二〇〇九
林哲夫・高橋輝次・北村知之編著『神戸の古本力』みずのわ出版、二〇〇六
黒沢説子・畠中理恵子『神保町「書肆アクセス」半畳日記』無明舎出版、二〇〇二
岡崎武志・柴田信・安倍甲編『書肆アクセスという本屋があった　神保町すずらん通り１９７６‐２００７』右文書院、二〇〇七

〔第三部〕
脇村義太郎『東西書肆街考』岩波新書、一九七九
樽見博『古本通　市場・探索・蔵書の魅力』平凡社新書、二〇〇六
竹内洋『教養主義の没落　変わりゆくエリート学生文化』中公新書、二〇〇三
津野海太郎『新・本とつきあう法　活字本から電子本まで』中公新書、一九九八
岡崎武志『文庫本雑学ノート』ダイヤモンド社、一九九八

岡崎武志『読書の腕前』光文社新書、二〇〇七
永江朗『不良のための読書術』筑摩書房、一九九七
都築響一『だれも買わない本は、だれかが買わなきゃならないんだ』晶文社、二〇〇八
佐野眞一『だれが「本」を殺すのか』プレジデント社、二〇〇一
小田光雄『書店の近代　本が輝いていた時代』平凡社新書、二〇〇三
柴野京子『書棚と平台　出版流通というメディア』弘文堂、二〇〇九
『東京古書組合五十年史』東京都古書籍商業協同組合、一九七四
『出版指標・年報２００９』社団法人全国出版協会・出版科学研究所、二〇〇九
日本出版学会編『白書出版産業　データとチャートで読む日本の出版』文化通信社、二〇〇四
出版ニュース社編『出版データブック　改訂版１９４５～２０００』出版ニュース社、二〇〇二

このほか、『彷書月刊』『日本古書通信』『東京人』『散歩の達人』『季刊・本とコンピュータ』『エルマガジン』『大阪人』などの雑誌や新聞記事、ウェブ上の情報を参照した。

※本書は、『本が好き!』（光文社刊）に連載された「本町通《ブックストリート》りを歩こう」（二〇〇八年十二月号～二〇〇九年十一月号）に大幅な加筆、修正を行ない、再編集してまとめたものです。

南陀楼綾繁（なんだろうあやしげ）
1967年島根県出雲市生まれ。ライター、編集者。早稲田大学第一文学部卒業。明治大学大学院修士課程修了。古本、新刊、図書館、ミニコミなど、本に関することならなんでも追いかける。1997年から2005年まで、編集スタッフとして「本とコンピュータ」編集室に在籍。「不忍ブックストリートの一箱古本市」発起人。著書に『ナンダロウアヤシゲな日々』（無明舎出版）、『路上派遊書日記』（右文書院）、『老舗の流儀』（幻冬舎メディアコンサルティング）、共著に『ミニコミ魂』（晶文社）などがある。

一《ひと》箱《はこ》古《ふる》本《ほん》市《いち》の歩《ある》きかた

2009年11月20日初版1刷発行

著　者 — 南陀楼綾繁
発行者 — 古谷俊勝
装　幀 — アラン・チャン
印刷所 — 萩原印刷
製本所 — 関川製本
発行所 — 株式会社光文社
東京都文京区音羽1-16-6（〒112-8011）
http://www.kobunsha.com/
電　話 — 編集部03(5395)8289　書籍販売部03(5395)8113
業務部03(5395)8125
メール — sinsyo@kobunsha.com

ISBN 978-4-334-03536-5